消防団

— 生い立ちと壁、そして未来 —

後藤一蔵

KSS 近代消防新書 007

近代消防社 刊

はじめに

本著を書くきっかけは、平成23年3月11日に発生した東日本大震災において、死者・行方不明者あわせて254名の消防団員の方々が犠牲となられたことである。

「千年に一度の巨大地震だったとはいえ、なぜこれほど多くの団員が犠牲となってしまったのか」という思いは、地震発生直後からあった。これまで消防団組織を研究の対象としてきた私にとって、長い間、抱いてきた疑問のひとつは、国民にとって、身近な存在であると考えていた消防団が、実は消防団関係者以外の人には、「組織や活動実態についてあまり知られていない」ことであった。

過去の消防団（前身の消防組）に関する記録は、自治体や関係団体によってとりまとめられている。だが、その多くは、団や団員個人の活動を賞賛することを第一義とし、消防団（組）組織にはほとんど言及していない。

かつては、曾祖父、祖父、父親の三代にあって、一人も消防団員でなかったという家はまれだった。また、消防団員が百万人を大幅に割り込んでいる今日でも、一部の地域を除いて、小学校の学区内に、消防団詰め所がなく、団員が一人もいないことは考えにくい。そのことからして、消防団に関して話題になることは珍しいことではない、と考えることは当たり前のように思う。だが、今回の大震災で、津波に遭遇した経験はもとより、津波を見たこともない内陸部の住民にとっては、津波の発生と消防団活動が結びつかないという声が聞かれたのも事実である。

「消防団は、防火予防の巡回活動、消火活動をする組織ではなかったのか」と。

消防団に関する問題は、消防団関係者の間では議論されることはあるが、部外者においいては、あまり話題になることはなかった。こうした事実は、常備消防の拡充と無縁ではない。

東日本大震災において、各種メディアを通じて、消防団によって住民の避難誘導、救助・救出活動、さらには避難所の警備が行われたことが報じられ、消防団の活動範囲の広さを初めて知った人は多い。消防団員は地域住民の安全・安心の確保のためという観点から、必死に活動を展開したのである。

消防団の問題は、消防団関係者だけでなく国民的な問題であり、消防団と地域住民との関係のあり方を再検討することが緊急の課題である。課題解決には、消防団の歩みや組織の実態、活動内容などについて一人でも多くの国民に知ってもらうことが必要である。国民の理解を得るには、地域住民と消防団との距離を縮めなければならない。その第一歩は、地域防災訓練への消防団の積極的な参加である。「災害が発生したときは、消防団は上からの命令にもとづいて行動しなければならない」という、これまでの建前論をふりかざしていては、地域住民と共通の土俵で議論することは不可能である。

今回の東日本大震災において、多くの被災地では、消防団と地域自主防災組織が協働することで成果をあげた事例は多い。

近い将来、南海トラフ巨大地震や首都直下地震が予想され、空前絶後の甚大な人的・物的被害が想定されている。東日本大震災から得た尊い教訓は、最強で最高の教科書になることはいうまでもない。

本著の構成及び内容について、簡単に触れておきたい。

序章は、東日本大震災において、沿岸部の消防団は過去に経験したことのなかった過酷な行動を余儀なくされた。岩手県宮古市第6方面隊第28分団の、一〇〇日以上に及ぶ活動について、当時の分団長のメモを中心として、その軌跡を追う。

第1章は、消防団の原型と、明治政府の消防政策を中心に概観する。

日本では、木材や藁といった燃えやすい建物が主流であったため、火災の発生が多いことは予想されることである。江戸時代、むら人の生活を守るための防火組織と、権威の象徴ともいえる江戸城を守る防火組織には違いがみられた。防火組織の原型は、前者はむらの若者契約（若者集団）、後者は大名火消、その後大岡越前守忠相の創設した「いろは四十八組」と継続される。

明治時代になると、あらゆる分野で近代国家としての装いを整えるが、消防組織（消防組）の全国的な改革は明治27年に制定された消防組規則（勅令第15号）まで待たなければならなかった。

第2章は、消防組が警防団、そして自警団へと変化する過程に焦点をあてる。

消防組の活動はつねに危険性と隣り合っている。消防機械力の低いレベルでは、それをカバーしたのは強い精神力であり、明治政府は、「名誉」の称号を与えることにより、精神力を鼓舞した。名誉は、団員の家はもとより地域住民にとって、末代まで語り伝えられ、何ものにも代えがたいものであった。大正時代から戦前に至るまで、消防組は、自警団、警防団と名称を変え、社会体制を維持するための一翼を担った。

第3章は、第二次世界大戦後の自治体消防の発足時の動きと、その後の経過について概観する。

自治体消防の発足により、消防団の人事・財政は市町村に属し、常備消防と並ぶ消防機関と位置づけられた。

昭和30年以降は消防団員の減少、消防職員（常備消防）の増加という構図で推移した。平成20年、団員数は昭和20年代の4割近くまで減少した。それに対して、消防職員は増加の一途をたどった。

第4章は、昭和53年6月の宮城県沖地震と、その17年後に発生した阪神・淡路大震災における消防団活動の評価について概観する。

消防団員の減少、都市化の進展という状況下で発生した二つの大地震は、消防団活動の評価では対照的であった。阪神・淡路大震災における消防団活動の評価は、自主防災組織との連携により大規模災害においては有効であることが、北淡町（現淡路市）をはじめ多くの事例から明らかとなった。

第5章は、消防団員の減少に対して、消防庁、日本消防協会を中心とした団員増加対策を取り上げる。

団員の減少・高齢化・サラリーマン化が同時並行で進み、小手先の消防団員増加対策では問題解決の決め手とはならないため、機能別団員制度に代表される「平成17年の改革」が断行された。そして翌年からは消防団協力事業所表示制度も始まった。

第6章は、都市部の消防団に関しては、農山漁村（むら）の消防団とは異なる側面がある。その特異性を描き出す。

都市化の進展に伴い、高層化・地下化が進展し、より高度な技術が求められるようになり、常備消防への期待が高まった。とはいえ、都市の安全・安心を脅かす問題も少なくなく、消防団は地域自主防災組織との協働体制の構築によって、より効果が発揮された。

第7章は、東日本大震災における、団員の多方面にわたる活動状況を取り上げる。集落の孤立をできるだけ早く解消するため、地元消防団は長期間にわたって活動を継続せざるを得なかった。多くの団員は自らが被災者でありながら、家族、職場、団員仲間との板ばさみのなかで活動を継続した。

第8章は、東日本大震災から何を学び、後世にいかに伝えていくべきかという観点から、二つの事例をとりあげる。

具体的には、団員の犠牲から団員自らの身の安全を守る方策、消防団と地域自主防災組織との連携のあり方、——に着目する。

終章は、東日本大震災の教訓をもとに新たな消防団（員）像を提示する。

地域防災にとって、消防団は大きな柱として位置づけられる。近い将来に予想される南海トラフ地震や首都直下地震に対して、消防団はどのように向き合うべきか、そのための新たな組織や行動のあり方を提示する。

〔㊟本文中に登場する方々の役職（階級）名は、東日本大震災発生当時のものである。〕

目次

第4章 消防団不要論から見直し論へ

終章　新たな巨大地震に立ち向かうために

序章　分団長と25人の仲間

―宮古市第28分団（田老地区）の110日間の活動の軌跡―

旧田老町は平成17年6月、宮古市、新里村と合併し、宮古市の一地区となった。田老地区の東側一帯は典型的なリアス式海岸で、漁業や観光業がさかんである。歴史的には、これまで何度か津波に襲われ、大きな被害を被っている。

沿岸部の被災地では、一時的にしても公的機関がマヒしたところが多く、孤立した集落では、団員は長期間にわたる活動を余儀なくされた。自らも被災者であり、家族の安否や住む家の不安を抱えながら、団員は一人でも救助、救出したいという思いが、自らを行動に駆り立てた。団員は分団長の指示や命令によって活動することを基本とし、非常時においては、時間との闘いを強いられた。その点からも、分団長の命令や行動のもつ意味は通常の比ではない。活動が長期に及ぶと、消防団活動とともに、団員個人が抱える問題も顕在化する。団員は家族や職場との狭間で、心が揺れ動いたことはいうまでもない。それをサポートしながら、分団活動をできるだけ円滑に遂行することに心配りをするのが分団長の役割でもある。分団員にとって、分団長こそ最も頼りになる存在である。

平成24年10月24日、宮古市第28分団長・田中氏から届いた私信の一部である。

分団長とは、分団の顔です。分団長になられた方の思想や価値観は、分団運営の方向づけに大きく影響します。望まれてなられた方、自ら望んでなった方、居座る方、惜しまれて辞めていかれた方など、様々な分団長に私も仕えてきました。それは隣接分団との関係にも大きく影響します。分団同士、切磋琢磨する良い方向に向かえば良いのですが、時として、競い合いが争いに発展する場合もあるからです。血気盛んな大人の集団ですから、束ねるには力量と人望とそれなりの経験が必要とされます。

私のような者でも、分団同士の争い事の矢面に立たされると、度胸を試されているのか、体面にかかわるのか、つまらないことに意地を通したときもありました。その都度、両親や先輩や嫁さんの教えが逸《はや》る気持ちを自制させました。「競う事はしても、争う事はしない」という信念は、田老地区の分団長さん達からも多少の信頼を得る要因になったのだと思います。

岩手県旧田老町は平成17年の合併により宮古市消防団第6方面隊となり、名称こそ異なるが、これまでどおり6分団（第28分団〜33分団）からなっている。旧田老町は、昭和の三陸大津波直後の昭和9年より長い年月をかけて建設された総延長約2・4㎞にも及ぶ

「防浪堤《ぼうろうてい》」（田老地区の長年の慣習として防潮堤をこのように呼ぶ）があり、津波から旧田老町を守ってきた。第28分団員は25名。３月11日の地震発生から7月16日まで、およそ１３０日間、仮屯所（詰め所）で、分団長以下、団員全員が生活を共にしながら活動を継続した。

分団長は、その日の出来事を、日記に克明に書き記している。その内容は、「分団」、「家族」、「商売」、「行政への要望」、さらに「今後の街づくり」に関することが中心である。

田中分団長／平成23年3月26日撮影
（宮古第28分団提供）

田中分団長は平成15年1月19日に田老町第一分団長に就任。合併後は宮古市第28分団長となった。第28分団の活動拠点は、震災直後は総合事務所（旧田老町役場）３階の一室で、分団員全員が共同生活を送った。

分団員への指示

地震発生の3月11日から15日までの5日間、分団の活動は、消火活動、行方不明者の救助・捜索活動が中心であった。団員の行動は、基本的には本部の指示にもとづくが、東日本大震災のような巨大地震においては、通信網や交通網の寸断により、最前線の現場で指揮をとる分団長の判断に委ねられる。田中分団長はいつもメモ帳を携行しており、行動をイメージしながら分団員に指示を出した。

3月11日：15時20分に津波が襲来し、防浪堤を超える。18時50分には分団長以下20名集合（機能別団員を含む）。その後、全員から状況報告を受ける。
20時00分に田老第一中学校の校舎（音楽室）から介護の要請があり、毛布で簡易の担架を作り、トンネルを通って介護者を搬送する。
23時00分に消灯するも、眠っている者は一人も居ない様子。

3月12日：消火活動、不明者の捜索、簡易トイレの設置、搬送避難住民の移動補助、診療所に薬の調達、不明者捜索。余震のたびに団員に危険を知らせる。情報収集を指示する。消火活動が不可能なため、翌日の消火活動の応援を検討する。暗いトンネルを移動中も、団員に対して指示、役割を与える。現在準備可能なＪＳ（ジェットシューター）と、使用可能なホースの数と水利状況の確認。

3月13日：熊野神社側面と奥の住宅裏山側面の鎮火を確認。長内側、山長付近の出火確認↓消火活動延長について協議し、自衛隊に協力要請を行う↓本日の消火活動の停止が決定されたので、不明者の捜索活動を行う

↓発見した場合は警察へ連絡する様に指示。
市の団本部に対して、消火活動中のガソリンと食料の要求をする。
屯所内にある使用可能な物品を三階に移動。

3月14日：応援消防隊と合同で消火作業。消火作業の応援依頼。
団員が目を枝で突く↓救護施設に行くよう指示。
応援に来てくれた他分団に対して道案内。

3月15日：自衛隊と合同で消火作業と活動範囲の指示。
本部との連絡（明日8時頃鎮火予定と話す）

（田中分団長のメモより抜粋）

田中分団長は本部や派遣された自衛隊との消火作業の打ち合わせ、他県の緊急消防援助隊の道案内。翌日の団員の活動指示と健康状態の観察、消火道具の過不足の状況、食料・燃料の手配、団員の装備の破損状況を見て本部に対して補充の依頼、さらには、住民から行方不明者の捜索に対する要望など、まさに時間との闘いを強いられる。

分団長のメモには「頭がボーッとする？一日長い！時間的な感覚が麻痺する。」と書かれていた。このような活動がいつまで続くかわからない状況下にあって、分団長としての責任感だけが頭から離れなかった、という。この時期、口には出せなかったが、分団長が最も気がかりだったのは、分団員全員の無事が確認できていなかったことであった。

震災直後の捜索活動
（宮古市第28分団提供）

そして、大震災発生から1週間後の3月18日のメモには次のように書かれている。

分団員全員、生きていてくれてありがとう!!

この言葉の下の行に、分団員25名の名前が列記されていた。

分団長が常に持ち歩いている『分団長必携』（ノート綴り）には、分団長の心構えとして、次のように書かれている。

分団長とは孤独感との闘いであると知るべし。
分団員は、各家庭からの預かりものである。
無事に各家庭に帰すを旨とせよ。
仲間の事を常に思い活動すれば仲間はついて来る。

少しでも仲間の事を思う心が倦《う》まれれば仲間は離れて行く。

震災から2週間が経過したが、まだ行方不明者はいる。だが、仮設住宅の問題、生業基盤を失った団員の今後の生活問題もあり、これまでのように団員が共同生活を継続することについて、分団長は戸惑いを感じていた。

この点について、3月28日のメモには次のよう記されている。

分団が機能する最善の方法を模索する。
団員各位を家族の元へ帰すべきと思う。
団員各位の意見を聞くべきと思う。
仕事に復帰出来る団員は優先的に考える。

分団員への心配り

4月2日：宿泊施設の責任者から、部屋の掃除、空気の入れ換え・臭いを指摘される。団員みんなには、大変申し訳なく思うが耐えてもらう。直接「臭い」といわれた団員には、俺が謝っておく！
彼がどんなに傷ついたかと思うと頭にくるが、耐えてもらう。

4月10日：宿泊施設の方にも現在の活動状況を理解してもらう。俺たちの活動が大変なことが多少でもわかってもらえて嬉しい。そのことを当の団員に伝える。ちょっと嬉しそうにはにかむ。

4月11日：目の前で、人が流されていくところを見た団員は、その光景を忘れることができず苦しんでいるようだ。

（田中分団長のメモより抜粋）

時間の経過とともに、予想もしなかったようなことが発生する。そのようなとき、団員の負担を多少なりとも軽くするため、分団長がケアできることであれば自ら前面に立ち、事態の処理に当たることを心がけている。新たな共同生活の場に移って間もないため、管理人には、団活動の実態が理解されていないこともある。この時期の活動の中心は行方不明者の捜索であり、毎日の作業は、砂埃《すなぼこり》が舞う厳しい条件の下実施された。

6月18日：10時、合同葬儀及び百ヶ日法要（分団員11名その他4名、計15名参加）が行われた。

昼食。久々に大勢での賑やかな食事となる。

管轄内で発見できない行方不明者の方の親戚が死亡届を出されたようだ。本当に残念だが、見つけ出せないままである。

俺たちの活動にも終止符を打つ時が来た。

6月23日：午前6時51分頃、震度5の地震があった。午前7時に出動し、通行規制を行う。出動団員12名。状況について分署にTELしたところ、消防団には通行規制をする権限がないと、分署長から言われた。それでは、車を通して良いのか？という問いに対して警察に確認を取ってみるという返事であった。警察の見解は消防団の判断に任せるという回答であった。

仮詰め所での休憩のひととき
（宮古市第28分団提供）

「署長、仕事に行く車は通してください」と再度お願いをする（朝のこの時間帯は出勤車両がほとんどなので、全車両を止める対応をする）。

7時45分：通行止め解除。

7月9日：19時30分第28分団全体会議（17名参加）夜遅くまで飲む／宿泊4名。まだまだみんなの心の中に不安や落胆、失望などを抱えているように思う。本当に心から笑えるようになるのは、いつになるのだろうか。

（田中分団長のメモより抜粋）

震災から2ヵ月も経過すると、分団長の頭のなかは、活動をどのように継続するのか、あるいは、活動に一定の区切りをつけるかという問題が駆け巡る。心のなかでは「できれば、行方不明者全員を発見してから、活動に区切りをつけたい」と考えていたが、6月18日、まだ見つかってはいないが、親戚の方から死亡届が出されたのを機に、「ここが、活動の一区切り」という気持ちになったと推測される。

消防団活動として、その対応のあり方に微妙な問題を含んでいる通行規制について、分団長が判断を下さなければならない厳しい場面にも直面した。

この時期、これまで以上に、分団長と分団員の気持ちが通じ合うようになったと、分団長は感じた。団員からは、「分団長の判断に従う」と言われる。分団長にとって、うれしい反面、より重い責任を負うことにもなったことに戸惑いすら感じた、という。

防浪堤《ぼうろうてい》への思い

近代社会になってから、明治29年、昭和8年の二度にわたる大津波を経験した。そして昭和9年から防浪堤の建設が始まった。時には「無用の長物」と言われたことさえあったが、田老地区に住んでいた先人たちは、ここで生活するためには津波から地域から守るというよりは、津波に立ち向かっていこうとする心構えを示すことが大切であることを示したいという思いがあったようだ。「防潮堤ではない。我々にとっては生活と一体化した、愛すべき構造物である。だからこそ、小中学校の校歌にも登場してくるんです」と分団長は言う。今回、防浪堤は一部破壊されたとはいえ、

震災直後の防浪堤／宮古市田老地区
（宮古市第28分団提供）

防浪堤により多くの人が助かったという事実を忘れるべきではない、と断言する。

この防浪堤がなければ、被害はもっと大きなものになっていたことに気づかされる！
私の仲間の消防団員が命がけで閉めた水・樋門は壊され、廃墟とはなったけど、多くの家財が、外海に引き潮と一緒に流れ出すのを防いだ事に気づかされる。防浪堤はそれなりの役割を果たしたと思う。また、この惨状の中、何が異常で何が正常か判断力も鈍る。家族を亡くした若い団員へかける言葉も思いつかない。仕事も、家族も失った仲間にかけてやるべき言葉を私は知らない。ただ同じ境遇の仲間が身を寄せ合って、目の前にある仕事をひとつひとつこなしていくだけである。

（田中分団長メモより）

それから一ヵ月ほど経過したとき、分団長のメモには次のように書かれている。

人生には様々な分岐点がある。今、頑張らなくて、いつ頑張るんだ。防浪堤10m。明治29年の15mの津浪が来れば防潮堤を超えて、街が冠水することは想像していた。誰が、これ程の破壊を予想できただろうか。また、二日前（3月9日）に起きた地震による津浪で、安心した住民の多くがいたことも事実だ。先人が、縦方向の道路を山へ向かって造ったのに対し、その後の道路は山に向かっていなかった。防浪堤も先人が沢沿いに津浪を受け流すのに対し、その後の防潮堤は津浪を受け止める形になった。二重の防潮堤にするのではなく、「X型」の防潮堤は設計思想が異なるためだと聞いた。

今回の大津波は新旧両方の防潮堤を越した。津浪に立ち向かおうとした防潮堤は壊れた。旧防潮堤は最後まで原形をとどめ、住民が避難する貴重な時間を稼いだと思う。旧防潮堤が住民を守ってくれたのだろう。最近の津浪は来てもたいしたことはないだろうと根拠のない警戒心の薄らぎが原因の一つかもしれない。でも、多くの高齢者は避難所まで逃げていたことも事実だ。もっと高い場所まで逃げていれば助かっていたのに。あの日は寒かったから、暖をとりに避難所や昭和8年の津浪で被災しない民家に居たのだろう。もっと高いところに避難所を移すべきだった。何故、避難所の場所の見直しを検討しなかったのだろうか。

分団長は訴える

平成23年12月15日、被災した地区の分団長が集められ、宮古市消防団幹部との会議がもたれた。これまでの活動の総括であった。その際、田中分団長は今回の大震災の経験から感じた、消防団の存在意義、分団長と分団員の関係、消防団の活動中に生じた問題点を中心に述べた。その内容の一部を再構成して記述する。

・団長に聞きたい。あなたが守りたい「もの」はなんですか。私（田中分団長）の守りたいものは仲間の命です。

・団長と私を繋いでいるものは何ですか。それは半纏という絆ではないでしょうか。とはいえ、この半纏という「力」が、消防団員であるという使命感が、多くの仲間を失うことになったのではと考えたことがありますか？

・「使命感」という呪縛のような束縛から瞬間的に解放するにはどのようにしたら良いのか。

私は震災前から考えていました。特に、地震などで正常に作動しない水扉門等があった場合のことは頭から離れませんでした。

・強い地震があるたびに、危険地区に入ろうとする車輌を止めています。

「私たち消防団には車輌の通行を止める権限はありません」と、消防署から無線を受ける（携帯電話）。注意を受けます。そのことを仲間に伝え、車輌を通すように指示すると、仲間の団員から「俺は、津波により車ごと流されていく、あのような光景はもう二度と見たくありません」と言われる。私はすぐに「何があっても責任をとれる方から直接指示を出してください」と答えを返しました。しばらくしてから、警察の方から「現場の消防団の判断に任す、警報・注意報解除後は速やかに車輌を通すように」との指示がありました。私たちにそのような権限は無いのに、責任を取りたがらない役所の体質が見え隠れするように思えてなりません。

・団長は今回の震災で何を失い、何を学びましたか。

私は「一寸の虫にも五分の魂」です。がれきの中で格闘している仲間と、財産を失ったことで惜しくても泣いたことはありません。しかし仲間の訃報と住民のご遺体を見つけるたびに涙を止めることはできませんでした。私は、私を慕ってくれる仲間を、過酷な状況下の中、私についてきてくれた仲間を裏切るわけにはいきません。消防人として「ぶれたこと」は一度もありません。

・今、大切な事は、体験をどのように「伝え」「教訓」にするかという事です。この度の震災では多くの消防団員の証言が得られました。しかしそれはあく迄、生き延びる事の出来た消防団員の断片的な記憶からなるものです。

殉職された仲間の証言は得られないのです（消防団員の活動を見ていた一般避難住民の証言も重要）。更に重要なことは、震災を想定してどのように対応し、どのような成果（実績）をあげたかの検証です。私達の取り組みで第28分団員全員が助かったとは申しません。それは様々な偶然と必然性の狭間で起きた出来事であり、私自身、うまく証言できません。ただ言えるとしたら、仲間の「命」を守る事を最重要項目で取り組んだことです（決め事）。そのためには管轄区域、4自治会と住民に説明し理解してもらい、協力してもらう事でした。この事は簡単な事ではないのです。

・私が、消防庁の「東日本大震災を踏まえた大規模災害時における消防団活動のあり方等に関する検討会」の委員に選ばれたときも、多少の反発があったことは聞いております。今、何かを変えなければ、又、多くの悲しみが生まれることになる。「私達が守らなければ誰が守る」「私達は地区住民や仲間の命を守る」という思いが強くなっています。

・緊急時に消防団だけでも（公的職業の方々も）使えるように携帯電話を買ってほしいと市側に依頼しました。その時の答えが、デジタル無線電話が配置になるので、分団同士の連絡ができるようになると説明されました。しかしながら、今回の震災では使用不能が数日間続きました。むしろ、廃止予定のアナログ無線が有効に使うことができたのです。皮肉なものです。

話は多少それますが!!田老町の時は、各世帯に防災個別無線機が、希望者に無償で配置（設置）されたが、市町村合併に伴い廃止の方向で進んでいた。見直す必要があると思います。

・合併に伴い、成り立ちの違う消防団同士の統一は難しいものがあるのです。ほとんどの場合、大きな消防団に吸収されるような形で組織されるため、様々な問題が生まれます。消防団大演習が管理部署から40分以上離れた場所で実施されると、今回のような震災に対応できない。そのことを提言しても、なかなか理解されないのです。全員を連れていくのには抵抗があります。そして、さらに気づいたことは、日本中には俺達と同じ状況下で活動している消防団員がいることです。もし、私達が取り組んできた事で、多くの仲間が救われる可能性が高いのであれば、是非役に立ちたいと考えます。
・消防団としてできること、難しいこと、出来ないこと等話し合って行かなければなりません。私達は津浪襲来までに地震から20分以内に予想されることを踏まえ活動内容を論議しました。

地震直後、時計を見る。水扉門閉鎖、故障のある場合、15分以内で閉めることができない場合は「あきらめて」その場を逃げる。消防ポンプ自動車は、津浪後の火災に備え安全な場所へ移動する。その際、橋は避ける（崩落の恐れがあるから）。個々の連絡は、声の伝令（ホイッスル）、（安全な高い場所から誰か海の様子を見る）。数年前に、そして気が付いたことがあります。震災直後の活動の大変さ、それが長期に及ぶ事と被災者と被災しなかった者との心の余裕の差です。

助けを求めたくても押し殺して黙々と活動する自分や仲間。仲間の不満や苦情があっても、それに応えてやる事の出来ない苛立ちや苦悩、それらが冷静さを失い、つい恫喝的言動になってしまう自分。支援に来てくれた仲間や団体への感謝の気持ちは忘れたくないし、それに答えるためにも早く復興し成功したい気持ちは焦りとなり、空回りすることが多く、なかなか前へ進まない。そんな時には、親切に声をかけてくれた人にも、つっけんどんな対応をしてしまう自分に腹が立つこともあります。そのうち自分という人間に不信となり、対人恐怖症なのか、人と話をするのに体臭が気になり、相手の顔も正視できないことがあります。

そんな自分がある程度、正常に保てているのは家族のおかげだと思っている。この家族を誰が守るんだと思う気持ちが、かろうじて正常さを維持している気がします。（私達を一番必要としているのは家族です）。地震により作動しない水樋門（水門・陸閘門）がある場合、それらを、正常に戻そうと奮闘・努力する団員がいる事が予想できたからです。事実、今回の震災において実際に起きてしまいました。

幸い、俺達の分団では殉職者はありません。しかし、隣接する分団では殉職された団員がいました。

今、未曽有の震災で起きた希有の津浪は甚大な被害と二度と立ち直る気力さえ失うほどの威力で総てを奪っていきました。しかし、萎えてばかりはいられません。次から次へと、消防団の我々には様々な活動が求められ、それに応えるため組織の立て直しが必要とされます。

分団員はほとんどが妻帯者であり、各家の主である。そのような立場にある人々を、より厳しい状況に追い込んでいるのではないかという気持ちは、田中分団長の心の中に、ずっとあった。とはいえ、消防団が動かなければ、現状を打破する糸口さえ見いだせない状況では、前進するしかなかった。継続的な組織活動の難しさは知っているつもりでも、次から次へと解決しなければならない課題に直面し、時には逃げ出したくなったときもあったことは、言葉の端々からうかがえる。

分団長として、最も守らなければならないことは、分団員の命であるという言葉は組織の上に立つ者の、最も心しておかなければならないことであろう。

田中分団長は、この震災で得たものは、「仲間」という二文字と、息子が入団に前向きな姿勢を示すようになったことだ、と話された。

平成24年9月28日、田中分団長から、次のような一通のファックスが届いた。

私達仲間の消防団員は、どんなに辛くても、どんなに大変で苦しい作業でも、終えて帰れる家と、温かく迎えてくれる家族が居れば、癒やされるし、活力が漲《みなぎ》ります。

その帰れる家が無く、励まし勇気付けてくれる家族とも容易に会えない状況下。蓄積する疲労感と虚脱状態で失意の中に有るであろう、むさい男同士の集団生活。

文句や弱音を吐くことも無く、ただ坦々と役割を熟《こな》す仲間。休憩や就寝前に時折見せる笑顔や戯け話し。こいつらの原動力は何なんだろう。助けることの出来なかった人達への自責の念からなのか。同じ境遇の仲間と居ることで不安を払拭しようとしているのか？　本音はわからない。しかし少なくても消防団員としての役割を果たそうとしている事は紛れもない事実でした。これが袢纏（法被）の持つ絆の力なのでしょうか。

私は、この仲間を誇りに思うし、何かしらの容《かたち》で報いてやりたい。
そして亡くなられた多くの仲間の無念や、残された御遺族の事を思うと、今でも、胸が張り裂けそうになります。

254名の殉職者って簡単に言うな。
一人一人にそれぞれの人生があり、
一人一人に家族が居て、友人が居て
一人一人に涙する仲間が居たのだから。

消防団は職業ではない。地震発生から津波到達までの30〜40分の時間。被災地の多くの団員は、「あの時間帯、自分が何をやっていたのか思い出せない」という。仲間を失った団員にかける言葉はない。それを心のなかにしまいこみながら、その後も活動は続けられ、3ヵ月以上に及ぶ活動を継続した消防団もある。

第1章　火の用心から国家統制へ

戦場からの手紙とむらの防火対策

無数に残されている手紙のなかで、その知名度が上位にランクされると思われるのが、天正3年（1575）、徳川家家臣の本多重次が戦場から妻に送った「一筆啓上　火の用心お仙泣かすな　馬肥やせ」であろう。この手紙には、当時、遠く離れた戦場で闘いを強いられている武士が、長期にわたって国元を留守にするときに気がかりなことが簡潔に述べられている。

第一は、火事の発生を防ぐには、常に火の用心を心がけること。第二は、重次の長男「お仙」（仙千代）を大切に育てること。武士にとっては、家のアトトリ息子を授かることは先祖に対する崇拝の念の表れと考えられていた。第三は、「馬」は農作業のみならず、戦場においては強力な武器となり、常日頃から飼育に気を遣うことは武士の任務であり、当主が戦場に赴いているときには留守を預かる者の大切な役割であった。

三点のなかで最も重要なのは、最初に書かれている「火の用心」であったと考えられる。

当時、家屋や納屋が木材や藁、紙など燃えやすいものからできており、火災が発生すると火のまわりが早く、むらの全滅を招くことも珍しいことではなかった。そのため、周りの燃えやすいものを壊す、いわゆる「破壊消防」が中心であった。本多重次は城主の立場であり、万が一、自分の家が火元にでもなれば、むら人に対して、言い訳ができないという思いがあったことは想像できる。

火災に対する最大の防禦は「火の用心」である。「祝融《しゅくゆう》」という火の神によって、火災が発生するという中国の故事にならい、祝融の怒りを鎮める方策として家の棟木や床柱、あるいは土蔵の壁に、「水」、「消」、「龍」、「雲龍」の文字を彫ったり、あるいは、岩手県南部から宮城県一帯にかけて見られる、玄関や台所の一角に、泥や木で作られた恐ろしい顔つきの「カマガミ」(「カマドガミ」ともいう)を掲げる風習も見られる。

宮城県北部に位置する中新田町(現加美町)で、今日まで引き継がれている「虎舞い」という行事がある。この行事は、もともと町内にある稲荷神社の旧暦2月(現在は4月29日)の祭礼行事であった。春先、この地域一帯は風が強く、再三にわたって火災が発生した。そのような火難から逃れるため、「雲は龍に従い、風は虎に従う」(虎の威をかりて風を鎮めて火伏せを祈願する)という、中国の故事にちなんだものである。全国各地で、火難除けとして用いられている「雲」、「龍」、「雲龍」という語も、中国の故事に由来していると考えられる。

さらには、むらでは、「火難除け」の神として全国的に信仰を集めていた愛宕神社（京都府右京区）や古峰原神社（栃木県鹿沼市）、秋葉山神社（静岡県浜松市）に火伏せ祈願の講が組織され、神社の例大祭には、講の代表者が参拝することを常とした。

火の用心と神の力に頼ることこそが、火災防止に効果があると考えられていた。

むらでは、火災の防止や消火活動で中心的な役割を果たしたのは、おおむね15歳から42歳の男子で組織される若者契約（若者集団とも称され、青年団の前身）であった。若者契約の役割には、むら祭りの執行、盗難者の取り締まり、共同山や共同漁場の管理、消防活動などで、むらの実働部隊であった。そのうち、最も重要視されたのが消防機能であった。

若者契約の成立時期については定かでないが、むらの生活を維持するために必要不可欠な存在であり、江戸時代以前に成立していたことは間違いなかろう。

若者契約の資料には、消防活動の廻番（夜廻りともいう）にかかわる記述が多い。

たとえば、病気や緊急事でないにもかかわらず、廻番の役目を果たせなかったときは、二倍の日数を割り当てるという罰則規定や、緊急の事態が発生したときは出動することなどが明記されている。

享保年間（1716～1736）に使用され始める消火道具の龍吐水の放水距離は10m前後しかなかった。そのためにも、火の用心が最も重要であり、若者契約はむら人に対して、火の取り扱いには慎重であることを徹底した。

出火の際は、何はさておいても火災現場に駆けつけ、若者頭の指示にもとづいて行動することが義務づけられていた。

龍吐水
（長野県駒ヶ根市民俗資料）

鎮火後は、若者契約が一晩中、罹災した家の周りの見張りをするのが通例でもあった。罹災家族には隣近所や親戚から米、味噌、醤油、野菜などの当面の生活必需品、あるいはむらの共同山から家屋建築用の資材提供が行われた。

火災はむらに致命的な打撃を与えたので、江戸時代、藩は火災の予防や出火元に対する取り締まりの「御触書」を再三にわたって出している。

江戸町火消の発展と「いろは四十八組」

1603年、江戸に幕府が開かれると、江戸と地方との間でヒトやモノの往来がさかんになった。さらに参勤交代が始まると、江戸には大名屋敷が建ち並び、享保年間の江戸市中の人口は50万人にも達していたともいわれる。総人口に占める武士階級の割合は高く、治安の安定にはことのほか注意が払われた。

江戸城下では「火事と喧嘩は江戸の華」とも言われるほど火事が多く、火災が治安の不安を引き起こす懸念材料でもあった。火事の発生防止のため、各藩の大名屋敷の火事防止のために組織されたのが「大名火消」である。その後、「大名火消」の名称は何度か変更された。寛永16（1639）年、江戸城本丸が消失したのを機に、火事の発生及び延焼防止のために、火消屋敷の設置や火事当番役を定めた、いわゆる「定火消」制度が誕生した。定火消は旗本を頭として300名程度から構成され、江戸城周辺の防火対策に当たった。常時、見張り番を置くという点では、地域消防組織の体裁を整えており、町人屋敷から出火したときでも、江戸城に危険が及ぶことが考えられるときは出動した。その点では、大名火消とは異なっていた。が、地域防災的な側面を持っていたとはいえ、江戸城という権威の象徴の警備に主眼が置かれていた。江戸城内の火消し制度は、明暦3年（1657）1月の「明暦の大火」、明和9年（1772）2月の「明和の大火」、文化3年（1806）

3月の「文化の大火」は江戸の三大火事といわれるが、これらの大火を機に、火消制度が徐々に整備されていった。

享保2年（1717）1月22日に発生した小石川馬場の火災をきっかけに、江戸町奉行の地位にあった大岡越前守忠相によって享保4年（1719）、隅田川の西側に組織されたのが「いろは四十八組」（東側の本所・深川地域には1組〜16組を配置）と称される町火消制度であった。「いろは四十八組」は、江戸市中を地域的に分割し、それぞれの「組」が担当した。しかも、その地域に住む町人階級を中心として組織されたことに特徴があった。これまで、町人階級は、「駈け付け」と称して近隣で火災が発生した際、消火活動を行うことはあったが、大名屋敷の火事には手出しはできなかった。当初、いろは四十八組においては、定火消と一線を画したが、次第にその垣根が取り払われるようになった。しかも、それぞれの組の纏に象徴されるように、自らの権勢を誇る側面が強く、形式にこだわった。組にとって、最大の見せ場は多くの野次馬が集まる火事場であり、「ここぞとばかり」に派手に振る舞った。町火消は、鳶職を主体として構成されていた。

川路利良と近代国家の消防政策の推進

明治政府は、明治5年2月8日に各県令宛に「新任地方官ヲ戒メテ、諸県廃県ノ旨趣ヲ体シ、旧習ヲ革除セシム」という通達を出した。この通達は、「これまでの慣習において、近代社会にはそぐわないものは直ちに排除すること」を意味した。明治政府は、若者契約が伝統的に保持していた寝宿慣行を前近代的な悪習とみなしており、若者契約の解散を望んだ。しかしながら、若者契約の消防機能は、むらの火災の防止や治安の安定には必要不可欠という考え方が強かった。そのため、多くの若者契約は、明治政府の意向を汲み、「農業社」、「協同社」、「消防組」といった名称に変更した。とりわけ、「消防組」という名称に変更することが多かった。

明治政府は中央集権国家体制づくりを急ぐ必要があり、対応しなければならない行政課題も多く、東京府の消防改革に取り組んだものの、地方の消防組にはほとんど手を加えず、旧態然としたものであった。

明治5年、町火消の呼び名が「消防組」と変更された。そして明治6年、消防関係の事務は内務省に移管、明治7年、東京警視庁の創設、と改革は進められた。これらの改革に大きな影響力を持ったのが司法省警保助兼大警視・川路利《とし》良《よし》（初代警視総監）であった。

川路利良生誕の地／記念碑
鹿児島県霧島市旧横川町

明治5年9月、明治政府は、川路利良を近代国家の先進地ドイツ、フランスを中心としてヨーロッパに1年間派遣し、警察制度について学ぶことを命じた。

帰国間もない明治6年9月、川路利良はフランスの警察制度を基本として、我が国の近代国家における警察制度建議草案を政府に提出した。明治政府はその建議草案で示された内容をほぼ全面的に受け入れた。ここに、日本の近代警察制度が発足することになった。そのなかで、消防団のあり方についても触れられている。

建議草案は10項目から成り、第6項で、消防組織のあり方について次のように指摘されている。

一　人民ノ損害火事ヨリ大ナルナシ故ニ消防ハ警保ノ要務願クハ各国ノ例ニ遵ヒ消防事務ヲ警保寮ニ委任セハ府庁ニ於テ別ニ消防掛ヲ置クニ及ハス是亦府費ヲ省クノ一ナリ

警察制度建議草案では、消防制度に関して触れられていることは、日本の消防制度は、当初から警察と一体化したものとして位置づけられていたことを意味している。

第6項の内容から、次の点が確認できる。

第一は、消防行政は他国にあっても、警察事務において取り扱われており、我が国においても、その例にならうこと。

第二は、消防にかかわる費用をできるだけ少なくするため、消防を取り扱う独立の係は設置しないこと。

明治7年1月28日、東京警視庁は新しい時代に即応した「消防章程」を制定した。その第一章「消防規則」の第一条には「人民ノ損害タル火災ヨリ甚シキハナシ　消防一タニ其機ヲ誤ルトキハ蔓延救フヘカラス遂ニ貴重ノ人命ヲ毀損シ国財ヲ蕩燼シテ貲ラレサルニ至ル故ニ警保ノ職ニ在テ尤モ緊要ノ事務トナス」と記されている。この当時、東京府はすでに100万人以上の人口を擁し、しかも高層建築物も目立つようになっていた。「消防章程」

は、いわば近代的な都市に対する消防活動のあり方に関する最初の規則でもあった。
とはいえ、第三章の「消防組器械諸具定額」の項によれば、「龍吐水一挺」の段階であり、予算の関係上、その装備については江戸時代の消防組と変わるものではなかった。

明治政府は各県に対して、消防章程にならった規則の制定を促したものの、ごく一部にとどまった。地方の消防組織は多様であり、消防章程をそのまま採用するには実態とそぐわない面があったことがうかがえる。

むら消防組は、明治10年代半ば頃から全国的に高揚しつつあった自由民権運動の母体となることも少なくなかった。反政府運動の高まりを恐れた明治政府は、全国の消防組の実態把握に乗り出し、明治14年から17年にかけて消防組設置届(記載内容としては、名称、費用支出方法、消防夫の族籍・氏名・年齢、役員の名称、所有する火防器具の種類、徽号・服章)を義務づけた。明治政府は、むら消防組については江戸時代と変わらない状況であったことに対する反省から、監視強化に乗り出した。

明治22年、市制・町村制が施行されたのに伴い、これまでの70、435の市町村数は1３、３４7と大幅に減少した（大島美津子『明治のむら』）。すなわち、新しく誕生した行政町村は5〜6の江戸時代の村（藩政村）の合併によってできたことになり、それまで藩政村にあった「むら消防組」の取り扱いが問題となった。それに対して、明治政府は「消防設置規則」を制定し、「合併により誕生した市町村の段階に、新たな消防組の設置推進」を図ったが、徹底されなかった。

勅令　消防組規則の制定と消防ポンプの近代化

明治政府の意向に反して、むら消防組が政党に政治的に利用され、あるいは小作争議の中心的な存在として活動することもあった。加えて、清国（現在の中国）との政治的緊張の高まりから、明治政府は消防組織に対して法的規制を強め、若者の結集を図った。

明治27年2月9日に勅令第15条をもって、19ヵ条からなる「勅令　消防組規則」が制定された。この消防組規則は、「勅令」として発布されたこと、そして翌10日には、内務省令第一号として消防組規則施行概則（第22条よりなる）が定められ、消防組規則の具体的運用について規定されたこと、さらにすべての条文のねらいや内容の解釈の統一性を図るため、細部にわたって解説された「消防組規則制定要旨」（全文12項目）が作成されたこと、という三点から、明治政府の消防組織の改革の決意が感じられた。

明治になってから27年目のことであり、消防組織の改革がいかに難しいものであったかがうかがえる。これは、消防組織の機能が、むら人の生活の様々な面と深く結びついていたことと関係する。

条文の内容から重要な四点を指摘したい。

- 第一は、消防組織に名をかりた集会、運動は厳禁。
- 第二は、むらの消防組織（私設消防組）は原則としては認めず、市町村の公設消防組のみとする。
- 第三は、消防組織は警察の補助機関である。
- 第四は、消防組織にかかる費用は市町村負担とする。

これらについて、多少説明を加えておきたい。

第一については、明治政府は、むら消防組が反政府的行動の母体となっていることに対する危惧の念があり、むら消防組を非政治的組織として位置づけるねらいがあった。

第二については、明治の合併の最大のねらいは中央集権国家体制を築くための重要な過程であり、新しく誕生した行政町村に住民の力を結集させる必要があった。

第三については、第一の指摘との関係から消防組員の行動の監視を強化した。そのためには日常生活においても、警察の指揮・監督下に置いた。具体的には、消防派出所と消防屯所（詰め所）を隣接させた。それに加えて、「組頭」、「小頭」は各府県の警部長か所轄の警察署長、消防手は所轄の警察署長が任命・罷免権をもった。

第四については、消防組の消防ポンプの購入に際しては、住民に「特別税」や「付加税」を課すことを認めた。これまでは、住民の寄付を原則としたのに対して、全ての住民が負担を分担することになった。

公設消防組の設立を強く意図したとはいえ、町村財政で新たな消防ポンプを購入することは財政的に無理があり、しかも特別税の徴収を行うことにより、反政府活動が活発になることも予測された。そのため、合併前の旧村のなかで規模の大きい町村の消防ポンプと組員を、公設消防組としてそのまま認定する町村が多かった。しかも、当時、腕用ポンプが普及しはじめていたが、機動性の面からして、行政村内全域の火災発生時の活動には限界があった。ましてや、公設消防組以外は「土地の状況ニ依リ必要ト認ムルトキハ市町村内ノ一以上ノ大字若クハ区ヲ以テ消防組ノ設置区域ト為スコトヲ得」(消防組規則第2条)からもうかがうことができるように、むら消防組は「分団」として存続された。

明治20年代には、龍吐水から雲龍水、さらに30年代には腕用喞筒《そくとう》(ポンプ代金は約300円)が普及しはじめた。とはいえ、公設消防組における腕用喞筒の購入に際しては、特別税の徴収は認められたものの、当時は滞納者も多く予定の金額には程遠いものであった。そのため、以前と同じように経済力のある地主の寄付によって賄われる傾向が強かった。その結果、公設消防組における地主の発言力は強まり、地主自らが組頭に就任する例も多かった。消防組の活動は火災から町村民を守る公的な意味あいが強く、組頭は町村長、小学校長と並んで、地方の著名人として名声を高めていった。

むら消防組（私設消防組）は、原則的には公設消防組の下部機関である「分団」として位置づけられていたが、ポンプ購入資金は思うように集まらなかった。そのため、かなり性能が劣る雲龍水のような旧型ポンプが使用された。

都市の発達と常備消防部の設置

明治になっても、毎年、一〇、〇〇〇件を超える火災が発生した。火災の原因は、都市部への人口の集中に伴う家屋の密集に対して、都市計画が追いつかないため、狭い道路が多く、防火用水の設備が整っていなかったことがあげられる。明治17年、イギリス製の蒸気消防ポンプが輸入されたとはいえ、台数は限られており、東京府下の一部を除いては、腕用ポンプが主流であった。火災が発生すると消防組は腕用ポンプとともに出動したが、発災直後であれば効果はあったが、これまでと同様、破壊消防が中心だった。

一方、むらの火災の主な原因は、蝋燭に代わって急速に普及しはじめた石油ランプの取り扱いの未熟さと放火が多かった。

都市、むらを問わず、放火が多く、明治年間においては、一部の年を除いて、火災原因では、5〜10%を占めた。

放火防止の具体策は、相互監視の徹底と昼夜を問わない巡回活動を行う以外になかった。そのため、夜間の消防活動は欠かせないという判断から、明治8年12月から、東京府内25ヵ所に消防屯所を設置し、宿直勤務体制がとられるようになった。これが、我が国における常備消防の先駆けをなすものである。

東京府に続いて、常備消防が設立されたのは大阪市であった。明治42年7月、大阪市北区における出火は焼失面積36万坪（約1、188、000㎡）にも達する大惨事となり、翌年、常備消防が設置された。続いて、大阪府、京都府、神奈川県、兵庫県、愛知県に設置された。大正8年7月、勅令第350号により、東京府を除いて常設消防署を設置すべき道府県が指定された。その結果、北海道（4市）、大阪府（4市）、京都府（2市）、神奈川県（3市）、兵庫県（3市）、長崎県、新潟県、埼玉県、愛知県（各1市）、広島県（2市）、山口県（2市）、福岡県（7市）で、12自治体、31都市であった。そこには地方事務官と地方技官が配置された。だが、常備消防が設置されても、人員不足で、消防組員の協力なしには十分な効果をあげることはできなかった。

大正13年1月に制定された岐阜県消防組常設員服務規程によれば、「組員事務所は岐阜警察署構内に設置ス」「組員ハ常ニ出場区域内ノ地理及水利ヲ審シ究シ、且職務上必要ナル技術ヲ錬磨スベシ」からもうかがえるように、消防組に期待するところは大きかった。常備部が設置された都市では、腕用ポンプに加えて蒸気消防ポンプが配備され、消防力は強化された。

第2章 義勇精神の高揚と戦時下体制の強化

大日本消防協会の設立と義勇精神

明治36年5月、大日本消防協会が設立された。この時期、隣国ロシアとの関係が緊迫しており、全国の青壮年の団結と精神高揚を図るねらいがあった。大日本消防協会の設立にあたっては、当時の政界、財界、学会に加えて各府県知事が名を連ね、中央から地方にいたる、国をあげての一大運動が展開された。会頭は当時の陸軍中将高嶋鞆之助、事務所は内務省内に設置された。

大日本消防協会設立趣意書において、注目される文脈を次に掲げる。

特ニ、我消防界ノ特色タル大和魂的英気ノ擁護発揚ヲ奨励センカ為、職務上ノ傷病者及職務ノ為メニ徇セシ者ノ遺族ノ慰藉ニ関シ、我協会ハ大ニ同情ノ誠ヲ尽スヘク、又勇烈殊功ニ対シテ之レカ名誉旌表ノ方法ヲ立テントス、蓋シ現今ノ法則ニ依レハ是等ノ事項ニ関シ、甚タ冷淡ナルヲ免カレス、大ニシテハ文武諸君ノ勲功ニ対スル年金恩給退隠料遺族扶助料ノ恩典――――、即チ吾消防ノ常ニ義ヲ以テ他ノ難ニ赴キ猛火ト闘ヒ、身命ヲ賭シテ人命財産ノ危難ヲ救援スル公共的行為ハ、文武官僚ノ勲功ト択フ所ナケレハナリ。

（日本消防協会『日本消防百年史　第二巻』）

この内容の注目点として、第一は、消防組は、国家国民のために日夜努力していることを国民は認識しなければならない。しかも、消防組の活動は自らの危険を顧みず、身を挺して行うという大和魂が込められており、消防組員に対する待遇面の改善を図る必要があること。第二は、「偉績功労アル者ニ対シ頌表及名誉章を贈与スル事」（会則第四条）という条文からうかがえるように、著しく功績のあった消防組や消防組員に対して、国家が「名誉」の称号を与え、その活動を賞賛すること。

大日本消防協会は全国の全ての府県に支部を組織した。その支部規定には、消防組や消防組員の行為や行動に対する各種の表彰規定が細部にわたって記述されている。その内容としては、模範的な規律訓練、顕著な消火活動、さらには「大日本消防協会や県消防協会に対する寄付行為」などがあげられている。各消防組は、お互いに切磋琢磨し、奉仕作業や訓練に励むことが督励された。奉仕活動は勤勉さをアピールする絶好の場であり、その収益金は府県を通じて大日本消防協会本部に寄付された。

内務官僚・松井茂と自警団

大正10年頃から、全国的に警察の協力機関として、消防組、青年団体、在郷軍人会などを中心として組織されたのが「自警団」である。この自警団の設立を強く推進したのが松井茂であった。松井茂は内務官僚として、各県知事を歴任し治安の安定を図る方策として、早くから消防組の存在に注目していた。松井は自著『国民消防』のなかで、「殊に犠牲的精神たる義勇奉公の国民性は、我邦の消防社会に於ては、特に幾久敷伝統的に存在して居つたものであって、我邦の消防制度が、我国民性と相俟って、自然に今日の如き健全なる発達をなし来たりたるものである」と述べている。すなわち義勇奉公の精神は、大日本消防協会設立の趣意書からうかがえるように日本の伝統な大和魂そのものであり、それを体現しているのが消防組であると認識していた。松井は消防組員の義勇奉公心を、消火活動に限らず、治安の不安定をもたらす問題にも活用できると考えた。

自警団の目的は、「法令ノ周知実行ニ関スル事項」、「犯罪予防ニ関スル事項」、「災害防止並ニ其救護ニ関スル事項」、「衛生、交通思想ノ普及向上ニ関スル事項」、「悪習陋習ノ排除ニ関スル事項」の5項目が中心であった。そして府県―市町村―むら、の各レベルにピラミッド型に組織され、それぞれの自警団長には府県知事や市町村長が就任した。

大正11年には、自警団は政府の強い指導もあり、ほぼ全国津々浦々に組織された。自警団の性急ともいえる全国的な広まりは、政府の不安定な治安に対する危機意識の表れであった。自警団の存在が周囲の注目を集めたのは大正12年9月1日に発生し、100、500人の犠牲者を出した関東大震災であった。自警団は、防火や治安維持のための巡回活動を精力的に行ったとはいえ、行き過ぎた行動にはしることもあり、たびたび非難を招いた。

関東大震災を契機として、消防組はこれまで以上に警防に力を入れるようになり、村内の小作争議の調停に動員されることもあった。自らの組織内の行動や思想統制のために、町村長、小学校長、警察署長、自警団長による講演会、また消防組員による弁論大会が開催され、あるべき日本人像としての精神注入が図られた。

消防宣言の制定と県消防史の編纂

昭和8年3月3日　午前2時30分に発生したマグニチュード8・3の地震により発生した津波は三陸沿岸を襲い、死者（行方不明者を含む）は3、000名を超えた（『津波―語りつぐ津波―』）。

消防組の罹災地を中心とした活動について、『宮城県消防発達史』には次のように記述されている。

罹災地消防組は非常招集を行ひ、又附近町村の消防組は罹災地に出動し連日罹災者の救護、倒壊家屋の整理、屍体の捜索、道路交通の復舊、食料品の供給等に努めたのである。

この三陸津波については、多くの新聞は、「大海嘯《かいしょう》に立ち向かう消防組員」という見出して報道し、消防組は国民にとって、心強い存在として映った。

同年4月、大日本消防協会から、消防組員の行動の基本ともいうべき5項目からなる「消防宣言」が発せられた。

一、消防組員ハ義勇奉公ヲ旨トスヘシ
一、消防組員ハ規律訓練ヲ重ンスヘシ
一、消防組員ハ沈着機敏ヲ尚フヘシ
一、消防組員ハ技能錬磨ニ勉ムヘシ
一、消防組員ハ操守言動ヲ正ウスヘシ
以上五ヶ条ノ宣言書ヲ公布爾来当組ニ於テ毎回ノ演習開始時マテ組頭ヲシテ朗読セリ

消防宣言にみられる「義勇奉公」をはじめとして、「規律を厳守すること」、「状況に応じた対応を身につけること」、「技能向上のために自分自身を磨くこと」、「国を守るという信念を持ち続けること」、などは消防組員が日常活動において、常に心がけておくべき内容であった。なかでも「義勇奉公」の内容を的確に説明しているのは、昭和9年6月26日に消防組員の行動指針として、皇太子の発した「令旨」からうかがうことができる。

犠牲ノ心奉公ノ念ヲ旨トシ、終始ヲ一貫シ、一旦危急ニ際シテハ身ヲ挺シテ難ニ赴キ、其ノ事ニ従フヤ沈着ニシテ機敏、殪レテ後已ムノ覚悟アルヲ要ス

まさに「国家のために、我が身を捨てて尽くす」という意味が中心に据えられている。

消防組員の行動や活動は、上からの命令や指示によって行われるのではなく、自らが主体的に行動することが重要であり、令旨を常に意識した日々の活動実践が求められた。このような行動指針は、消防組の伝統として、先輩の消防組員から引き継がれていった。そ

のために、消防組の過去の歴史を振り返ることによって、先輩と後輩の消防組員が線で結ばれた。この時期、多くの県では、それぞれの自治体消防沿革史の編纂作業がさかんに行われた。

『福島県消防沿革史』（昭和7年4月20日）、『宮城県消防発達史』（同9年10月1日）が相次いで刊行された。両者の内容は、各消防組が授与された金線馬簾（纏の周りにたれ下げられた飾り）の回数と歴代組頭の氏名、殉職者や消防組の活動状況などが列記されている。まさに、「名誉の体現者」に関する内容に多くのページが割かれている。消防組にとって、「名誉」の称号こそ、自らの組織活動の新たなエネルギーを生み出し、郷土の誇りを高めるものであった。消防組員宅には、目に触れやすい客間に、消防組活動によって授与された表彰状や感謝状が飾られた。

昭和2年4月10日、藤枝市で開催された静岡県下消防組頭大会にあわせて、殉職された消防組員22名の招魂祭が開催された。昭和6年6月6日、宮城県では「殉職消防組員招魂碑」が建立された。その招魂碑は、高さ一丈二尺三寸（約3・7ｍ）、幅三尺五寸（約1ｍ）もあり、碑の大きさとしてはひときわ目立つ存在であった。昭和10年4月26日、仙台で開催された一道六県消防連合協議会に合わせて、慰霊祭が行われた。碑には「諸子カ崇高ナル護郷ノ精神ハ永ク消防組員ノ脳裏ニ宿リ常ニ感奮追慕ノ念ヲ興起セシメッツアリ」という祭文が刻まれている。昭和9年5月には兵庫県消防招魂碑が建立された。これらの建立にあたっては、篤志家の寄付を中心として、組頭以下、全組員に拠出金が割り当てられた。その捻出のため、各消防組では土木作業や農作業を積極的に請け負った。

昭和8年5月、福島県消防協会双葉支部が県下組頭大会において、消防組員が戦時体制の中心的な存在として、その役割を担うことを自ら申し出ている。

消防組の解散と警防団の成立

大正15年9月、第一回全国組頭会議が開催された。その会議で決定された宣言文では、次の二点が強調された。

第一は、日本は火災の発生件数が多い。その最大の要因は、私設消防組（むら消防組）が長年にわたって、旧態依然とした貧弱な消火設備の状態におかれていることがあげられる。

第二は、関東大震災において、広範囲に及ぶ火災の発生は消防組の設備の不十分さを示すものである。それを是正するためにも、警備費の予算を増加し、消防の機械化を一層進める必要がある。

この組頭会議で、早急に私設消防組から公設消防組への移行推進が緊急問題として浮上した。そのため、警察の強い指導もあり、公設消防組の組織化が進められた。その後間もなく私設消防組は解散され、公設消防組に移行された。とはいえ、警備費関係予算の増額は見送られ、組員の負担は増加した。

一方、軍の指導のもと、昭和5、6年頃から、町内会や部落会を母体として、防空業務を主な活動とする防護団が設置された。防護団は昭和12年の日中戦争が勃発するまでには、全国的に組織された。防護団の内部組織としては、警報班、防火班、救護班があり、戦時体制を意識した組織であった。防護団は軍主導の組織のため、消火活動や、特に灯火統制の対応に関して、消防組との間でトラブルが多発した。両者間で話し合いが重ねられたものの、なかなか妥協点を見いだすまでには至らなかった。だが、時局はいっそう厳しさを増し、昭和14年1月24日、勅令20号により警防団令が発令された。その結果、消防組と防護団は合体し警防団が誕生した。「警防団ハ防空水火消防其ノ他ノ警防ニ従事ス」（警防団令　第一条）ということからして、警防団は戦時体制を支える隣組組織として機能することが目的であった。

同年4月1日、警防団発足に伴い消防組規則は廃止され、消防組は45年間にわたる活動に終止符が打たれた。各地で、消防組の解散式と警防団の発会式が同時に行われ、国民は、戦争の足音の高まりを実感した。

昭和15年は「皇紀2600年」に当たり、記念事業として殉職警防団員の慰霊碑の建立、さらには警防団に関する小史も作成され、国民の団結が強化された。

新しい消防体制への助走

消防組が解散されたとはいえ、警防団の機構には消防部が設置されており、火災の発生や火災予防活動に従事するため、元消防組員が任務にあたった。昭和9年3月21日、北海道函館市住吉町から出火した火災は22、667戸を焼失する大惨事となった。加えて、近い将来、予想される空爆による火災の発生に対する対策として、昭和11年12月1日、全国「火防デー」が設定され、新聞、ラジオを通じての宣伝活動、さらには防火講演会も開催された。各地域では火災防止対策を徹底するため、常会はもとより、町村報や旬報などには火災予防に関する記事がさかんに掲載された。

太平洋戦争が始まると、警防団の銃後活動は、出征兵宅の農作業の手伝い、駅頭での歓送迎会が中心となった。

戦時物資の不足が慢性化したため、消火活動にとっては最も重要な喞筒（消防ポンプ）や鉄骨で作られた火の見櫓までも解体され、戦争の資材として提供された。

「当時の消防器具はほとんどが損壊しており、また、水道管も爆撃によって破壊されたままになっており、火災の多い時期を迎えていっそう深刻の度を加えていた」（『宮崎県警察史』）ことからして、消火活動はままならない状況であった。

昭和20年8月15日、ポツダム宣言の受託により、第2次世界大戦は終了した。GHQによる占領政策が本格化する直前、宮城県では、9月13日付で県警察部長から県下警防団長宛に「これまでの活動に対する感謝と今後の活躍を期待する」旨の通知が文書でもって送付された。

終戦直後の混乱した状況であっても、警防団や常会を中心として廻番は継続された。

第3章 自治体消防の発足と変遷

警防団の解体と消防団の成立

終戦から半年ほど経過した昭和21年1月30日、警防団令が改正された。警防団の任務から「防空」が除外され、活動の中心は火防、水防となった。同年11月末の警防団員数はおよそ210万人であった。昭和22年9月カスリーン台風、23年9月アイオン台風、あるいは21年12月南海地震（マグニチュード8・0）、23年6月福井地震（マグニチュード7・1）と、次々と大きな自然災害に襲われ、多数の死者と住家被害がもたらされた。GHQは、これらの災害の復旧、復興のためには多数の人員の確保が必要不可欠と感じた。そのため、警防団を改組し、あらたな防災組織を緊急に設立することを日本政府に要望した。昭和21年10月に設置された警察制度審議会における検討課題のひとつとして、「消防制度の改善をどうすべきか」ということが諮問された。

昭和22年4月、警防団の廃止が正式に決定され、それに代わる地域防災組織として消防団の設立が決定された。

その決定に呼応して、消防団員の募集が始まった。昭和22年6月26日付で、宮城県古川町役場（現大崎市）は、下記のような内容の文書を元警防団幹部宛に送付した。

「新団員推薦に就いて」

今般警防団を消防団と改組するに当たりまして現在団員数では定員に充たず且現団員中に於いても種々なる事情（出席率不良な者）により、

此の際御辞退を申し出らる、者も有りますので、時節ご多忙中とは存じますが、団員補充の為左記の条件に依り極力選考推薦下さる様御願ひ致します。

記

一、町内居住者にして満18才以上の者
二、志操堅固なる者
三、各組毎4～5名以上
住所記入の上、□□を以って6月30日迄本部までご通知願います。

新たに組織される消防団のメンバーは元警防団員を中心として選出されたが、古川町の通知書からもうかがえるように、予定した数の消防団員数は集まらなかった。その理由としては、GHQは、警防団は戦争遂行するうえで重要な役割を果たしたと考えていたこともあり、警防団幹部の一部については消防団員として認められなかったことがあげられる。

ＧＨＱの消防担当の最高責任者としてジョージ・ウィリアム・エンジェル（以下、エンジェル）が来日したのは昭和21年1月24日であった。着任早々、全国各地の消防団活動を視察し、「若し国内に於ける火事損害を、数に於いても量に於いても少なくしようとするならば、一大改革を行うことが必要である」（自著『日本の消防』）と述べている。エンジェルの目には、消防団活動があまりにも人力に依存し過ぎているため、機械力の向上が課題であると映った。

警防団の廃止に伴い、昭和22年4月30日付の勅令第185号により「消防団令」（20条と附則）が施行された。

勅令消防団令の第一条には次のように記されている。

消防団は、郷土愛護の精神を以って社会の災厄を防止することを目的とし、水火災の予防、警戒及び防圧、水火災の際の救護並びにその他の非常災害等の場合における警戒及び救護に従事するものとする。

この条文は、二つの重要な内容を含んでいる。第一は、消防団は郷土愛護の精神をベースとして、地域住民の主体的なかかわりが求められていること。「郷土」とは日常生活のベースとなっている、いわゆる「むら」（藩政村）の範囲である。「むら」では、生活や生産にかかわる各種の集団、また「行政区」とも重なり合っており、災害発生時の住民相互の協力関係がスムーズに発揮できる条件が整えられていたこと。第二は、消防団は地域社会内で発生するあらゆる災害の防止を目的としていること。ここで指摘されている「災害」とは火事や水害にとどまらず、地域社会の安全・安定を脅かすあらゆる事態が想定されていた。

消防団は、戦前の消防組の同一線上に位置づけられると解することができる。

勅令消防団令では、市町村は消防団の設置が義務づけられていたこと、消防団員の任命権は市町村長にあること、消防団のすべての行動は警察部長または警察署長の指揮下にあること、消防団員の定数は市町村の条例で定め、それにかかる費用は市町村が負担することなどが明記された。

昭和22年5月3日、日本国憲法の施行に伴い、昭和23年3月24日、新たに全13条と附則からなる「政令消防団令」(政令59号)が公布された。政令消防団令では、警察に関する条項と東京都にだけに適用されていた特例条項はすべて消去された。

戦後の消防制度はスタートした。この時点では、常備消防と比べて消防団員数は圧倒的に多く、消防活動は消防団を抜きにしては考えられなかった。

消防組織法の成立と政令消防団令

エンジェルは来日前、アメリカでは軍や火災保険会社に勤めた経験はあったが、義勇消防を中心とする日本の消防については懐疑的であったと言われている。

昭和22年9月30日、GHQは片山内閣に対して「日本警察改組に伴う日本政府官吏の態度決定に関する件」の覚書を通知した。そのなかで、警察と消防の分離に関しても触れられていたが、新しい消防制度の骨格については、エンジェル自らが覚書案を示し、改革はその方向に沿って進められた。

エンジェルは、5年間にわたる日本在任期間を通じて、これからの日本の消防制度を定着させるために、次の二点を指摘した。

第一は、消防技術や消防設備があまりにも未発達であり、将来の都市化の進展に対応するには不安であること。

第二は、これまでの日本の消防活動は、消火に重点が置かれており、予防対策が不十分であった。それを是正するためには、人口に応じて予防査察員を配置することが必要である。予防査察員は高度な技術を身につけることが求められ、そのためには、研修を積み重ねることが肝要であること。

エンジェルのアドバイスにより、常備消防の拡充だけでなく、消防団においても機械化が進展した。

GHQは消防活動の重要性から、その組織や運営のあり方について、政令ではなく、法律において制定すべきである、という考え方が当初からあった。昭和22年10月より立法化に着手し、12月23日付で法律第226号により公布、昭和23日3月7日から施行されたのが消防組織法である。

消防組織法では、次の三点が明記された。

第一は、消防委員会は廃止し、消防団員の命免権は市町村長にあること。
第二は、消防団の指揮監督権は市町村長、消防長または消防署長にあること。
第三は、消防団の設置については義務設置制から任意設置制とすること。

消防組織法では、消防に関する事務は警察の監督下に置かれていたが、市町村の責任に移行された。ここに名実ともに、「自治体消防」が発足した。ただ、消防団に関する細かな内容については、政令消防団令に規定されていたこともあり、消防組織法ではほとんど触れられていなかった。そのため、法律と政令との関係が国会で問題視され、昭和23年7

月24日、法律第187号により、消防組織法に消防団の設置、区域及び組織並びに消防団の定員、任命、服務、訓練、礼式及び服制などに関する規定が加えられた。その結果、政令消防団令は廃止された。

このように、短期間に何度か変更が行われたので、戸惑いを覚える市町村も少なくなかった。「市町村消防は、警察の配下にあった従来の官設消防から自治体消防へと生まれかわり、官設消防署は、当該市町村の新しい消防本部、消防署として発足し、その他の市町村は設置していた常設消防部を切り替え、新しく消防本部、署を発足させたが、それまで市町村に消防の主導権がなかったこともあり、当初は大方の市町村が消防本部、署の設置には積極的ではなかった。」(『現代行政全集・24』)というように、急場しのぎの感は否定できなかった。政令消防団令の第一条に示された「郷土愛護の精神」は、消防組織法においては、文言上、姿を消したが、その精神は生き続けていると考えるのは、法律制定の経緯からして明らかであった。

青森県の「脇野沢村消防団員服務規律及び懲戒条例」の第四条「消防団厳守事項」の12項目で、「常に水火災の予防及び警火の喚起に努め一朝事あるに際しては、身を挺して難に赴く心構を持つこと」（第一項）からしても、戦前の消防組の義勇消防の精神が息づいていることがうかがえる。

昭和24年、当時、GHQの公安課消防行政官であったフランクリン・C・アンクロムは新年の挨拶で次のように述べている。

義勇消防の仕事は其古さを火の歴史と同じくします。火が其普通の範囲を逸脱すると破壊的勢力となる事を人間が発見して以来、向ふ三軒両隣が其生存の為に火の勢力と闘ふ為一致団結する必要を生じたのであります。近代的な装備や技術が消防手段を改善したには違ひありませんが義勇消防隊員がお互に助け合ふ動機を為した精神は今なお存在しております。消防団員諸君は其精神を最も優れた伝統の中に持ち続けなければなりませぬ。（以下略）（『日本の消防百年史・第三巻』）

ＧＨＱの高官のなかには「消防団の災害救助・救援活動に取り組む姿に感銘さえ覚えた」と、消防団活動を賞賛する者も多かった。

ＧＨＱの消防団に対するイメージが変化しつつあったことがうかがえる。

消防団員数の推移

自治体消防が発足し、市町村の団員定数は市町村条例で決定されることになった。昭和23年の発足時から29年までの全国の団員数の推移を見ると、昭和24年5月1日現在では1、984、326人（沖縄県はアメリカの統治下により除く。また北海道及び兵庫県の一部は未報告のため加えられない）（日本消防協会資料）、昭和27

年２、０９０、０００人（※26年の資料は欠落）、28年２、０１５、７８０人、29年２、０２３、０１１人と、２００万人台が維持されていた。

当時にあっては、新制中学校を卒業して数年もすると、青年団に入り、消防団で欠員が生じると即入団というケースがかなり定着していた。消防団に入団することは、地域の通過儀礼でもあり、先輩団員から地元の慣習、礼儀作法などについて教えを受ける場でもあった。昭和20年代には、20代から40代までの男子10人に対して約１・５人が、消防団員であったと推定される。

（図-１）は、昭和30年から平成24年までのほぼ60年間

（図-1）　消防団員数

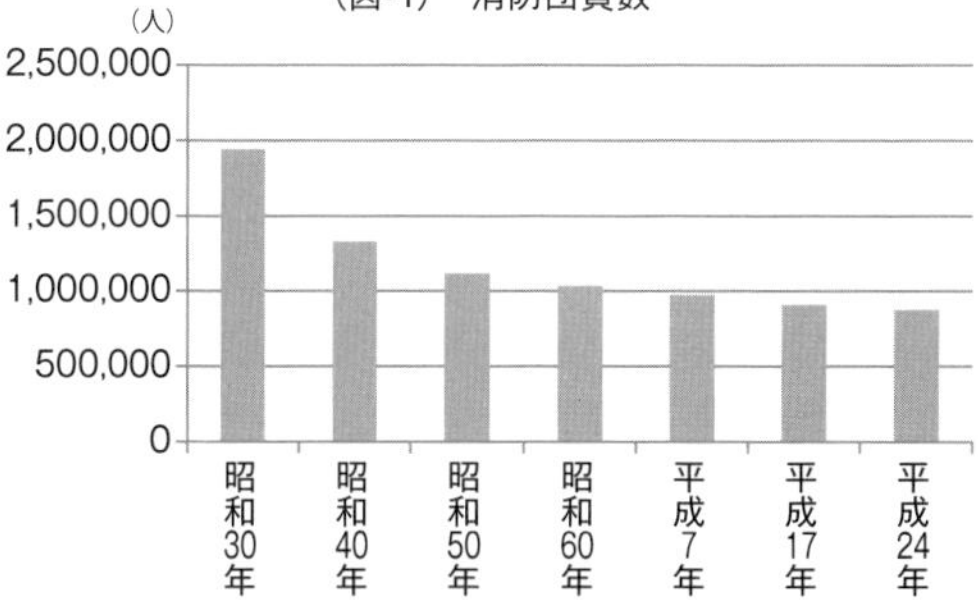

『消防白書』より作成

の団員動向を10年間隔で、棒グラフで表したものである。団員数は一貫して減少しており、昭和30年と平成24年とを比較すると、団員数は半分以下に減少した。

（表-1）は、都道府県別の動向を示したものである（昭和30年は資料の制約上除く）。（図-1）と（表-1）を参照しながら、各期間の動向について概観したい。

・（昭和30年〜39年）　この間の減少数は60万人を超える。昭和28年から31年の「昭和の合併」により、市町村数は9、868から3、975と40％の減少となった。新市町村では団員定数の見直しが行われた結果、大幅な団員の減少につながった。しかも、「もはや戦後ではない」と表現された昭和31年の経済白書に示されたように、日本の産業構造が第一次産業中心から第二次・第三次産業中心への移行が鮮明化した。中学校卒業後は東京や大阪などの大都市に職を求める傾向が強まり、地元を離れる若者が増加したことも、入団者の激減の要因であった。

（表-1）　都道府県別消防団員数の推移　（単位：人）

都道府県	昭和40年	昭和50年	昭和60年	平成7年	平成17年	平成24年	平成24年－昭和40年	昭和40を100とした平成24年の指数
北海道	36,451	33,247	30,402	28,989	27,192	26,170	10,281	71.8
青森県	29,061	24,710	22,759	21,786	20,373	19,721	9,340	67.9
岩手県	32,735	29,178	27,165	25,819	24,156	22,912	9,823	70.0
宮城県	28,502	26,578	25,341	23,599	22,197	21,053	7,449	73.9
秋田県	28,440	24,479	23,755	21,187	19,060	17,680	10,760	62.2
山形県	39,514	35,167	31,305	29,199	26,920	25,886	13,628	65.5
福島県	47,702	44,026	40,494	39,348	36,589	34,799	12,903	73.0
茨城県	46,204	34,142	28,805	27,452	25,325	24,112	22,092	52.2
栃木県	22,533	18,458	16,732	15,905	15,416	15,001	7,532	66.6
群馬県	17,435	14,572	13,911	13,574	12,727	11,929	5,506	68.4
埼玉県	24,808	17,488	16,022	15,437	14,692	14,278	10,530	57.6
千葉県	48,508	36,511	33,021	31,117	28,461	27,069	21,439	55.8
東京都	28,790	26,950	25,551	24,868	23,747	24,228	4,562	84.2
神奈川県	20,801	19,602	19,014	19,230	19,160	17,983	2,818	86.5
新潟県	73,528	59,268	51,348	46,546	40,679	39,044	34,484	53.1
富山県	10,007	9,945	9,770	9,803	9,569	9,594	413	95.9
石川県	6,220	5,495	5,346	5,220	5,204	5,339	881	85.8
福井県	6,751	5,635	5,549	5,502	5,442	5,688	1,063	84.3
山梨県	25,723	21,252	19,020	18,209	16,366	15,336	10,387	59.6
長野県	62,324	51,173	46,491	43,390	38,220	35,885	26,439	57.6
岐阜県	28,133	25,469	24,634	23,101	21,559	20,924	7,209	74.4
静岡県	34,021	27,789	26,420	24,421	21,992	21,034	12,987	61.8
愛知県	36,197	29,798	29,310	27,529	25,196	23,608	12,589	65.2
三重県	17,519	15,228	14,754	14,504	13,942	13,989	3,530	79.9
滋賀県	9,883	9,345	9,341	9,356	9,366	9,289	594	94.0
京都府	27,352	23,524	21,699	20,362	19,030	18,181	9,171	66.5
大阪府	12,268	10,867	10,045	9,798	9,701	10,521	1,747	85.8
兵庫県	77,691	62,497	55,566	51,087	46,884	44,077	33,614	56.7
奈良県	15,044	12,284	10,657	9,939	9,314	8,613	6,431	57.3
和歌山県	15,322	13,441	12,906	12,388	12,068	11,934	3,388	77.9
鳥取県	10,750	7,558	5,927	5,719	5,231	5,171	5,579	48.1
島根県	18,126	16,567	15,493	14,564	13,266	12,619	5,507	69.6
岡山県	46,876	37,030	34,409	32,083	29,847	29,019	17,857	61.9
広島県	39,176	30,552	27,047	24,779	23,001	22,384	16,792	57.1
山口県	18,532	16,963	15,375	14,767	14,061	13,507	5,025	72.9
徳島県	19,752	13,419	11,924	11,666	11,061	11,043	8,709	55.9
香川県	8,874	8,003	7,844	7,721	7,478	7,652	1,222	86.2
愛媛県	26,866	24,125	23,108	21,965	21,171	20,681	6,185	77.0
高知県	9,282	8,868	8,610	8,472	8,167	8,204	1,078	88.4
福岡県	35,095	29,827	27,975	26,924	25,979	25,241	9,854	71.9
佐賀県	31,961	26,070	24,282	22,185	20,179	19,520	12,441	61.1
長崎県	31,668	25,997	24,670	23,310	21,989	20,576	11,092	65.0
熊本県	53,896	44,533	43,624	39,832	36,355	34,556	19,340	64.1
大分県	28,273	21,115	19,096	17,949	16,345	15,762	12,511	55.7
宮崎県	23,199	18,919	17,790	16,303	15,687	15,143	8,056	65.3
鹿児島県	19,199	18,119	17,503	16,934	16,018	15,612	3,587	81.3
沖縄県		2,151	1,566	1,674	1,661	1,626	※ 525	※ 75.6
計	1,330,995	1,118,036	1,033,376	975,512	908,043	874,193	456,802	65.7

『消防白書』より作成　※昭和50年との比較
※（平成24年－昭和50年）の数値・割合

・（昭和40年～49年）　昭和30年代と比較して、団員の減少は20万人と約３分の１にとどまったとはいえ、かなりの減少であった。高度経済成長に伴う都会志向がより顕著となり、伝統的なむらの通過儀礼が変化しはじめた時期でもあった。この時期には、東北地方や九州地方では、農閑期を利用して東京や大阪方面への出稼ぎが急増し、長期にわたって地元を離れる団員が増えたことから、消防活動に支障をきたす事態も発生した。

・（昭和50年～59年）　昭和30年代、40年代と比較して、団員の減少数は縮小された。とはいえ、昭和50年代後半には、消防関係者の間では、団員数が１００万人の大台を割ることが現実味を帯びてきたことも話題となりはじめた。この時期、核家族化が進行し、都市近郊に次々と新興団地が建設されたが、新興団地をカバーする新たな消防分団の誕生はみられなかった。この点については、消防団の評価、防災における行政の役割と深くかかわっている。

・（昭和60年〜平成6年）　団員の減少数は年間平均で5千人台となり、団員の減少は徐々に歯止めがかかりつつあり、前年比では、団員数が増加に転じる都道府県もわずかながら見られた。平成2年、団員数は100万人を割りこんだ。平成6年には、団員数が5万人を超えたのは兵庫県1県のみであった。

・（平成7年〜16年）　団員総数は減少し続けたとはいえ、その数は以前と比べると縮小された。平成16年には、団員数が2・5万人未満の都道府県数は「35」と、全体の74・5％を占め平準化傾向がみられた。

・（平成17年〜24年）　平成の合併により、市町村数はほぼ半減したが、「昭和の合併」と比べて団員数はそれほど減少しなかった。平成21年と22年を比較すると、1、699人の減少にとどまった。しかも増加した都道府県数は「21」（44・7％）にも達し、自治体消防発足以来、最も多い数であった。しかしながら、翌年、東日本大震災が発生し、平成23年は前年比3、720人、24年は5、785人の減少であった。被災地の254名の団員の犠牲に加えて、地元を離れなければならない団員が、それを機に退団したことが理由としてあげられる。

分団数の推移と詰め所の機能

消防団は政令市や東京都の特別行政区を除いては、原則的には一市町村一消防団制である。消防団の下部組織としては、分団|部|班という構造となっている。消防団活動は分団あるいは部を基本とすることが多い。|分団あたりの団員数はおおよそ30人から40人程度であり、消防団は分団の連合体である。

(表-2)は昭和36年以降の分団数と、|分団あたりの団員数の平均を表している。昭和36年の分団数は35、463、平成24年が22、753であり、ほぼ半世紀に|2、7|0の分団が減少(減少率およそ36%)した。その点について、団員数の減少率(約

46％）と比較すると、その割合は低い。分団の減少数が多いのは、昭和38年から42年と、平成17年から20年にかけての二つの時期である。この時期の分団の減少は昭和の合併、平成の合併と深くかかわっている。合併を機に、1分団あたりの、人口、戸数、あるいは団員数にアンバランスが生じたことから、分団の再編成の問題が生まれた。とはいえ、行政区の再編成にみられるような機械的な変更とは異なり、分団がそれぞれのエリアで伝統的にかかわってきた火祭りの行事や神社の祭典の執行、さらには沿岸部の水門や陸閘門の開閉にみられるように、地域住民とのかかわりは深く、分団の統廃合については、消防団関係者だけでなく、区長や行政担当者を交えて協議されるケースが多い。そのため、再編成を決定するまでにはかなりの時間を要する。

また、分団の名称には、歴史的な名称（藩政時代の村名）が付

（表-2）　分団数と1分団あたりの団員数の推移

	分団数	1分団あたりの団員数
昭和 36 年	35,463	43.5
45 年	28,998	41.8
55 年	26,084	41.0
平成　2 年	25,639	38.9
12 年	25,322	37.6
22 年	22,926	38.5
24 年	22,753	38.4

『消防白書』より作成

されていることもあり、それに対するこだわりを持つ団員や住民も少なくない。

分団や部の活動拠点として、「詰め所」（ポンプ小屋）がある。詰め所は昭和40年代まではその分団エリアの住民にとっては、ある種の憩いの場のような存在であった。当時は、風の強い日や、春先・年末には、団員は詰め所で寝泊まりをしながら、地区内の巡回活動を行っていた。当番に当たっている団員の家族や仲間が夜食の差し入れのため、顔を出すこともあった。その際、巡回活動の合間をぬって交わされる会話の内容としては、台風による崖崩れ箇所や道路の破損状況、あるいは、結婚して新しく地域住民となった人の出身地や年齢、特技、さらには「誰々が病気で入院した」といった身近な話題であった。このような話題は、分団員で共有され、災害の発生時において、救助・救援には有効に活用された。

常備消防（消防職員）の動向と消防力の充実

消防組織法が制定された直後、消防職員数は約2万人にすぎなかった（『現代行政全集　24』）。その後、昭和24年、「常設消防力の設置基準」が制定されたのを機に、消防職員の増員が図られた。（図-2）は、昭和30年以降の消防職員数の推移を表したものである。

昭和30年、消防職員数は31、194人、その後、右肩上がりに増加し、平成24年には159、730人と、およそ5倍の人員となった。消防職員数の増加は、

（図-2）　消防職員数

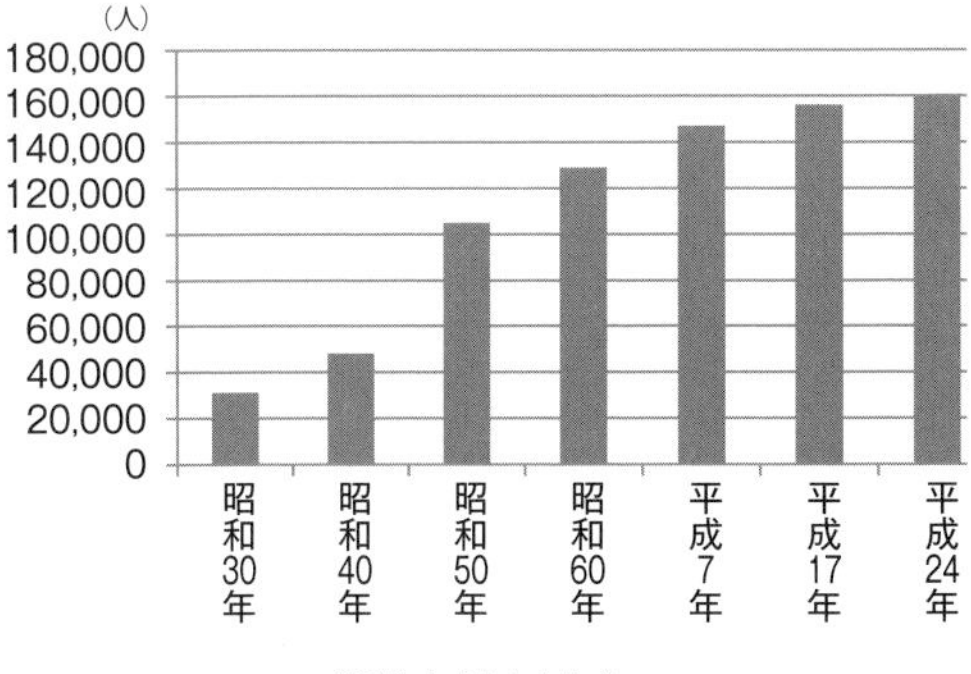

『消防白書』より作成

消防団員数の動きとは対照的である。昭和40年と50年の10年間で、消防職員数は2倍以上に増えている。この時期、高度成長の真只中であり、都市部への人口集中が進み、高層化・地下化が進展したことと関係する。そのため、より高度な技術力を身につけた消防職員に対する期待が高まったことは明らかである。

消防職員の都道府県別の動向を見ると（表-3）、人口総数と都市化の進展に比例しており、東京都が常にトップを占めている。東京都の全体に占める割合の推移は、昭和40年21・3％、50年16・9％、60年14・0％、平成17年12・1％、平成24年11・9％と低下傾向が見られるが、総都市化現象により、全国的に消防職員が増加したのである。昭和60年以降、消防職員数がかなり増加しているのは、神奈川県、埼玉県、千葉県といった東京近郊の自治体である。

昭和28年の消防施設強化促進法の制定により、消防機械の購入費の一部が国庫補助によって賄なわれることになった。昭和28年の段階では、消防本部（常備消防）の主力が、

（表-3）　都道府県別消防職員数の推移　（単位：人）

都道府県	昭和40年	昭和50年	昭和60年	平成7年	平成17年	平成24年	平成24年－昭和40年	昭和40を100とした平成24年の指数
北海道	3,167	6,834	8,021	8,924	9,151	9,053	5,886	2.86
青森県	629	1,756	1,992	2,378	2,550	2,584	1,955	4.11
岩手県	362	1,178	1,464	1,766	1,930	1,951	1,589	5.39
宮城県	527	1,833	2,148	2,566	2,927	3,037	2,510	5.76
秋田県	539	1,451	1,582	1,873	1,989	1,994	1,455	3.70
山形県	510	1,235	1,344	1,455	1,482	1,495	985	2.93
福島県	468	1,625	1,946	2,220	2,361	2,426	1,958	5.18
茨城県	501	2,025	3,167	3,926	4,316	4,347	3,846	8.68
栃木県	631	1,669	1,857	2,135	2,318	2,406	1,775	3.81
群馬県	570	1,530	1,987	2,301	2,437	2,500	1,930	4.39
埼玉県	865	3,919	5,646	7,215	8,020	8,185	7,320	9.46
千葉県	1,036	3,969	6,004	7,301	7,673	7,810	6,774	7.54
東京都	10,240	17,707	18,108	18,117	18,854	19,037	8,797	1.86
神奈川県	3,131	5,978	7,773	8,797	9,206	9,544	6,413	3.05
新潟県	1,024	2,188	2,697	3,052	3,197	3,248	2,224	3.17
富山県	582	955	1,134	1,191	1,236	1,313	731	2.26
石川県	388	935	1,195	1,410	1,480	1,472	1,084	3.79
福井県	354	818	980	1,146	1,214	1,226	872	3.46
山梨県	164	657	859	1,005	1,084	1,154	990	2.86
長野県	489	1,432	1,647	2,219	2,425	2,464	1,975	5.04
岐阜県	485	1,422	2,042	2,360	2,622	2,714	2,229	5.60
静岡県	1,197	2,774	3,410	3,984	4,348	4,472	3,275	3.74
愛知県	2,561	4,996	6,345	7,105	7,693	7,982	5,421	3.12
三重県	598	1,350	1,703	2,009	2,327	2,440	1,842	4.08
滋賀県	230	801	1,069	1,293	1,487	1,556	1,326	6.77
京都府	1,441	2,110	2,779	3,203	3,376	3,408	1,967	2.37
大阪府	4,643	7,730	8,751	9,564	9,611	9,758	5,115	2.10
兵庫県	2,212	3,633	4,508	5,165	5,456	5,762	3,550	2.60
奈良県	224	592	1,084	1,634	1,788	1,835	1,611	8.19
和歌山県	328	670	1,103	1,298	1,425	1,459	1,131	4.45
鳥取県	183	297	599	682	720	768	585	4.20
島根県	273	620	797	1,022	1,102	1,155	882	4.23
岡山県	495	1,396	1,712	2,043	2,171	2,359	1,864	4.77
広島県	995	2,246	2,935	3,411	3,590	3,606	2,611	3.62
山口県	623	1,242	1,460	1,687	1,854	1,931	1,308	3.10
徳島県	188	612	804	946	995	1,039	851	5.53
香川県	278	834	1,015	1,137	1,182	1,160	882	4.17
愛媛県	392	838	1,274	1,592	1,758	1,804	1,412	4.60
高知県	152	802	898	1,057	1,116	1,142	990	7.51
福岡県	1,871	3,234	3,881	4,387	4,654	4,701	2,830	2.51
佐賀県	233	760	881	1,033	1,033	1,077	844	4.62
長崎県	499	1,321	1,520	1,629	1,688	1,735	1,236	3.48
熊本県	559	1,382	1,786	2,020	2,098	2,186	1,627	3.91
大分県	370	1,262	1,368	1,440	1,493	1,569	1,199	4.24
宮崎県	398	761	905	1,003	1,092	1,136	738	2.85
鹿児島県	470	1,086	1,630	1,980	2,094	2,216	1,746	4.71
沖縄県		590	1,104	1,335	1,459	1,514	※1,514	※2.57
計	48,075	105,005	128,914	147,016	156,082	159,730	111,655	2.32

『消防白書』より作成
※（平成24年－昭和50年）の数値・割合

「自動車ポンプ」であったのに対し、消防団は「手引き動力ポンプ」、「可搬ポンプ」であった。

さらに昭和33年、東京都の消防本部（常備消防）を中心として、「はしご付き消防ポンプ自動車」が22台、「化学自動車」21台が導入された（『消防白書　昭和34年版』参照）。昭和40年代以降、常備消防の機械化はより進展した。

平成24年の消防車両の保有台数について、消防本部（常備消防）と消防団を比較したのが（表-4）である。

消防本部（常備消防）は、「消防ポンプ自動車」、「水槽付消防ポンプ自動車」「はしご自動

（表-4）　消防車両等の保有台数（平成24年4月1日）

区分	消防本部	1消防本部あたりの保有台数	消防団	1分団あたりの保有台数
消防ポンプ自動車	3,924	4.96	13,675	0.60
水槽付消防ポンプ自動車	3,830	4.84	1,893	0.08
はしご自動車	1,221	1.54	12	0.00
化学自動車	1,027	1.30	4	0.00
救急自動車	6,054	7.65	0	—
指揮車	1,829	2.31	859	0.04
救助工作車	1,246	1.58	0	—
林野火災工作車	51	0.06	18	0.00
電源・照明車	83	0.10	65	0.00
小型動力付積載車	453	0.57	35,173	1.55
その他の消防自動車	8,535	10.79	1,513	0.07
手引き動力ポンプ	1,297	1.64	2,811	0.12
小型動力ポンプ	1,909	2.41	14,150	0.62
消防艇	45	0.06	17	0.00
消防ヘリコプター	32	0.04	0	—

『消防白書』より作成

車」、「化学自動車」、「救急自動車」、「指揮車」、「救助工作車」、「その他の消防自動車」「手引き動力ポンプ」、「小型動力ポンプ」をそれぞれ1台以上保有しているのに対して、消防団は、「小型動力付積載車」が全分団に普及というレベルである。

第4章 消防団不要論から見直し論へ

消防団活動の変化

我が国は「災害列島」と言われるように、毎年、全国各地で地震、水害、雪害、豪雨、土砂崩れなどが多発し、死亡者と行方不明者を合計すると、年間、一〇〇人を上回る。

（表-5）は、昭和60年から平成24年にかけての消防団員の出動延べ人員を示したものである。出動延べ人員数は、平成7年、阪神・淡路大震災の関係から一時的に増加したものの、減少傾向にある。それにもかかわらず、団員の減少のため、団員一人あたりの出動回数は10〜11回とあまり変化はみられない。

活動状況の推移から、次の5点を指摘したい。

第一は、各年次とも割合が10％以上を占めるのは、「火災」、「演習訓練」、「特別警戒」、「その他」の4項目である。これら4項目の合計が全体に占める割合は、昭和60年87・2％、平成7年87・2％、平成17年85・8％、

（表-5） 消防団員の出動延べ人員 (人)

	昭和60年	平成7年	平成17年	平成24年
	延べ人員(人)	延べ人員(人)	延べ人員(人)	延べ人員(人)
火災	2,008,893 (17.8)	1,793,521 (15.7)	1,383,694 (12.9)	1,085,231 (10.8)
救急	12,540 (0.1)	5,791 (0.1)	1,619 (0.0)	3,635 (0.0)
救助	17,856 (0.2)	13,033 (0.2)	20,006 (0.2)	20,293 (0.2)
風水害等の災害	220,256 (2.0)	217,324 (1.9)	123,657 (1.2)	548,579 (5.5)
演習訓練	4,110,495 (36.3)	4,637,385 (40.5)	4,800,327 (44.7)	4,111,333 (41.0)
広報・指導	639,767 (5.7)	699,878 (6.1)	894,685 (8.4)	942,059 (9.4)
警防調査	292,731 (2.6)	340,756 (3.0)	219,825 (2.1)	155,880 (1.6)
火災原因調査	1,757 (0.0)	52 (0.0)	814 (0.0)	535 (0.0)
特別警戒	1,944,896 (17.2)	1,762,511 (15.4)	1,532,535 (14.2)	1,422,743 (14.2)
捜索	52,246 (0.5)	94,758 (0.8)	114,474 (1.1)	119,599 (1.2)
予防査察	188,168 (1.7)	160 (0.0)	49,107 (0.5)	37,242 (0.4)
誤報等	※	75,727 (0.7)	69,735 (0.7)	53,998 (0.5)
その他	1,792,637 (15.9)	1,793,377 (15.6)	1,495,749 (14.0)	1,531,883 (15.2)
計	11,282,242 (100.0)	11,434,273 (100.0)	10,706,227 (100.0)	10,033,010 (100.0)

※記録なし

『消防白書』より作成
（ ）内数字はパーセント

平成24年81・2％と、いずれの年次においても全体の8割を超える。

第二は、火災出動人員はかなり減少している。昭和60年から平成24年における出火件数は、5万件台から6万件台で推移しており、変化はみられない（『平成25年版　消防白書』）。それに対して、団員の出動状況は昭和60年が全体の17・8％を占めていたが、平成24年には10・8％と大幅に減少した。それは、消火活動において、消防団は常備消防の補完的役割を担う存在になっていること、また団員のサラリーマン化の進展により、火災が発生しても、出動できない団員が多いことが理由としてあげられる。

第三は、各年次とも、圧倒的な割合を占めるのが「演習訓練」である。なかでも多いのは出初式への出動である。出初式の出動については、消防団本部から各分団に対して人員の割り当てが行われるのが常である。この点も、国民からは、消防団＝消防儀式の実践組織、と考えられる要因となっている。

第四は、「広報・指導」は年次が進むにつれて増加傾向にある。これは、女性消防団員の増加と相関関係が高いことがうかがえる。

第五は、「その他」の割合が14〜15％と高い割合である。それは、それぞれの消防団が地域社会で伝統的に担っている独自の行事への参加によるものである。これが、消防団は地域社会と密接な関係にあると言われる所以《ゆえん》でもある。

宮城県沖地震の発生

昭和53年6月12日（月）、午後5時14分頃、マグニチュード7・4の宮城県沖地震が発生した。この地震は、戦後人口50万人以上の都市で発生した初の強震で、死者27名、負傷者は約10、962名に達した（『78宮城県沖地震　①災害の記録』）。宮城県東方沖には二つのプレートの境界面が存在し、過去においてもほぼ30年から40年の周期で大きな地震を引き起こしてきた。昭和12年7月27日にマグニチュード7・1の地震が発生しており、昭和40年代後半頃には近い将来、宮城県沖地震の発生を予測する地震学者の発言が相次いだ時期でもあった。

一方、昭和53年、仙台市の人口は昭和35年と比べて30万人も増加しており、そのほとんどは社会増加（転入）であった。そのため、新たな住宅地が丘陵地の切り崩しや低湿地の埋め立てによって造成された。昭和53年の地震による死亡者の半数以上は、造成された新興団地を中心に発生した液状化現象による門柱やブロック塀の倒壊によるものであった。また電力、水道、ガスなどのライフラインへの被害、高層建築物の窓ガラスの落

昭和53年の宮城県沖地震
／仙台市緑ヶ丘地区

下など、都市の生活構造を支える根幹が大きな打撃を受けた。そのため「都市型災害」とも言われた。都市は第2次・第3次産業の集積に伴い、インフラの整備が進んだ。その結果、生活の利便性が定着しつつあったが、この地震によって都市構造のもろさが露呈された。

地震発生直後の地元新聞の主な見出しを列記する。

昭和53年6月14日　地震が残した問題点・援護策まるでお役所仕事
6月16日　行政対応に不満続出
6月19日　都市生活に落とし穴・過密―集中に大きな警鐘
7月4日　防災体制見直す―県防災会議

地元新聞の論調は、行政の防災に対する取り組みの甘さを指摘するものであった。

昭和53年の地震は、発生時刻は夕食の準備にとりかかる前、しかも本震の直前には前震があり、火気使用者は少なく、火災の発生件数は8件にとどまった。大規模火災は、大学の実験薬品の落下による化学反応によるものと、市ガス局のガスホルダーの爆発によるものであり、消火は、特殊な装備や技術を持つ消防署員の対応に委ねざるを得なかった。そのため、常備消防の有効性が大きくクローズアップされた。火事さわぎ（ぼや程度）は数件あったが、消火活動にはほとんど時間を要さなかった。そのため、消防団の活動は広報活動と巡回活動が中心であり、メディアで取りあげられることはほとんどなかった。

仙台市消防団の活動は、6月12日の発生直後から3日間、火災発生の防止のための広報活動、津波警戒、消火活動を中心として行われた。地震発生当日の6月12日は728名、13日は24名、14日は62名で、延べ出動人数は814名（『78宮城県沖地震 ①災害の記録』）であった。その半数は火災発生に備えた警戒の巡回活動であった。震災発生当時の分団の活動について、仙台市南消防団分団長の体験記の一部を紹介する。

私が分団長として受け持つ地域は、昭和34、5年頃からは、中央の宅地造成業者による山地部造成が進められ、まるで段々畑のように緑ヶ丘と茂ヶ崎地域に住宅団地が次々と出現し、併せて周辺も開発され、その後の地域様相は、急速に変貌し面積1・6キロメートルに15町内、2、800世帯、人口8、600余の密集住宅街となったのである。

――中略――

常に羨望と不安が混同していた新興住宅地の緑ヶ丘は、上段の方から建物が倒壊し、その敷地擁壁が前面住宅の背後に崩れ、また、建物の倒壊といった状態が、そこ、ここに見られた。ふと何やら制止する声、近づいてみると、部下の団員が通行の整理をしていた。よく見ると路上には縦状に亀裂が入り、木流し堀の提防を兼ねている旧国道は、完全に通行不能となっていたのである。間もなく副分団長から、「消防局から第3次非常配備指令が発せられ、当分団からは全員（20名）が出動している旨、又建物の倒壊等は、相当数にのぼっており、すでに一部避難命令も出ているが、今のところ死者等はない」の報告を受けた。（『地震等防災対策の調査報告書〈災害調査編〉』日本消防協会）

宮城県沖地震では、火災の発生は少なかったが、門柱の倒壊や土砂崩れなどの災害状況の通報のあり方や高齢者に対する「声がけ」の必要性が指摘され、隣近所の協力が不可欠と考える市民は多かった。

仙台市は、翌54年6月12日に「防災都市」宣言を行った。宣言文のなかで、「今回の災害を貴重な教訓として都市防災をこれからの健康都市建設の基調に据え、災害に強く一層安全な都市仙台を目指すことを決意した」と述べられている。宣言は、脱スパイクタイヤによる健康な街づくりと都市防災の充実を両輪として、市民の安全を確保するというねらいがあった。この震災を機に、仙台市では町内会や自治会単位の地域自主防災組織の組織化が推進された。当時の通信網や非常時の交通渋滞、同時火災の発生のための消防機関の分散、さらには消火栓の破損も見られ、消防関係機関にだけ頼ることができかねる状況もみられたことから、常日頃から隣近所の協力体制を確認し合うことの重要性が指摘されたのである。

昭和56年には、耐震性を重視した建築基準法の改正が行われた。

宮城県沖地震以降、昭和58年5月26日の日本海中部地震（マグニチュード7・7　死者104名）、平成5年7月12日の北海道南西沖地震（マグニチュード7・8　死者202名　行方不明者28名）と、多くの人的・物的被害をもたらす地震が相次いで発生した。これらの地震を通じて、津波警報発令の迅速化、防災行政無線システムの拡充、津波火災の発生のメカニズムの究明といった、ハード面の議論が盛んに行われるようになった。他方消防団については指定避難所の警備や消火活動に従事したとはいえ、住民は、消防団の重要性を認識するまでにはいたらなかった。

平成元年7月、内閣府大臣官房政府広報室が実施した「消防に関する特別世論調査」によれば、「市町村の消防機関としては、常勤の職員による消防署のほか、住民有志による消防団があり、災害の発生時に活動していますが、あなたは、このような消防団があることを知っていますか」という問いに対して、「知っている」（82・0％）、知らない（18・0％）という結果であった。この結果からも、消防団活動の有効性については推して知るべしであった。

このアンケートのなかで、若者の意見として、「防災は行政の役割であり、あえて消防団は必要なく、消防職員の増加に力を入れるべきである」という回答も少なくなかった。

阪神・淡路大震災の発生

平成7年1月17日（火曜日）午前5時46分、淡路島北部を震源とする兵庫県南部沖地震（阪神・淡路大震災）が発生。地震の規模はマグニチュード7・3、震度7（平成13年4月23日、気象庁発表）の直下型地震であった。地震発生直後の状況について西宮市副団長は「グラグラと横揺れドカンと一発。一瞬の衝撃を受けた。瞬間、体は家具、テレビ等の下敷きになった」(『西宮市消防の活動記録』)と証言している。この地震による死者は6、434名、行方不明者3名、全壊棟数は104、906(『消防白書　平成25年版』)いう大災害であった。

地震直後の午前5時53分に長田区内で火災が発生、その後20分以内に神戸市内では35件の火災の通報が寄せられた(『阪神・淡路大震災全記録』)。周辺のほとんどの市町村において、午前6時半から8時にかけて災害対策本部が次々と設置された。

神戸市内の消防団数は「10」。これらの消防団の1月17日から2月8日までの3週間における出動回

野島断層／淡路市(旧北淡町)

数は36、346回（『長田消防団　祈りの足跡』）を数えた。

神戸市消防団による救助人数は958名、うち生存者は819名（生存率85・8％）。救助人数が391名と最も多く、全体の約4割を占めたのが長田消防団であった。

長田消防団は第1分団から第8分団に分かれており、定員は160名（当時の団員数は155名）。長田消防団における救出人数は391名に達した。1月17日から2月28日までの期間における出動団員の延べ人数は3、641人、1日平均約85名であった。

発生直後から5日間の主な活動内容は「人命救出救助」、「消火活動」、「被災者の支援活動」、「交通整理」、うち人命に直接かかわる「救助」と「消火」の二つが中心であった。その後の2週間は「消火活動支援」、「管内警戒パトロール」、「被災者支援」、その後、「管内警戒パトロール」、「被災者の支援」と、復旧状況に応じて活動内容は変化していった。

これらの活動について、平成7年3月19日付の読売新聞は「被災に負けず367人救出／長田の大火／見せた消防団魂」という大見出しで、次のように報じた。

救出者の数は長田消防署の調べで分かった。消防団本部と8消防分団の計156人は震災後、ほぼ全員が出動。1月17日だけで、同本部分（8人）を含め367人を救出、死亡者24人を搬出した。

助かった人が最も多かったのは第8分団。80人に上った。火事がひどかった大正筋商店街があり、団員18人のほとんどが震災直後から、自宅や工場から小型ジャッキやバールを使って、倒壊家屋にすき間を設けて、下敷きになった住民を次々と助け出した。

団員らはいずれも被災、うち8人は自宅が全焼、全壊するなどしていたが、そのまま活動を続けていた。

第七分団は、団員1人が崩れた家の下敷きになり亡くなった。他の15人は、JR新長田駅周辺に出て、家屋が炎に包まれる直前に56人を救出した。活動は個別に続けられ、後になって仲間の死を知った団員が多かった。

第6分団の18人は、被害の集中した同区御蔵通周辺で、近所の人といっしょになって49人を助けた。（以下略）

震災後にまとめられた『長田消防団　祈りの足跡』から、大震災直後からの生々しい活動の実態を取り上げる。

［Aさん］

頭から血が流れるのを感じ、けがをしたのを察知。幸い傷の程度も軽く、妻子に近所の母親の様子を確認に行ってもらい、下の子にけがの処置をしてもらってからすぐ団服に着替えた。家族の安否を確かめて、タオルを頭で押さえヘルメットをかぶり外に出る。

［Bさん］

家族をそのまま家に残す。「落ち着け、もうすぐ明るくなる。それまでに着る着物を身につけ、ケガをしないよう靴下を厚めにはいておけ」。そして、自分のみ脱出。「消防団員はすぐ集まれ！」間髪を入れずに助けを求める声。靴とヘルメットを取り出しにくずれた階下にもぐり込む。表に出たとたん次から次へ救助を求める声。家族よ許せ！」。

消防団員の多くは、災害発生という非常事態に遭遇したとき、「自分は消防団員である」という自覚・使命感が頭をよぎったと話す。

「消防団員にとっては、一旦家を出た瞬間に、消防団という組織の一員としての行動が当然期待され、それは普段はあまり意識することのない自らの使命というものを受け止めざるを得ないものであった。自分の意思というよりは、周りの人の要求、それをこなさざるを得ない状況に追い込まれた。そこには、自分の家のこと、職場のことが介在する余裕はなかった」という言葉には、消防団員としての強い使命感がにじみ出ている。

分団にあっては、分団の管轄エリアの状況報告を、団本部にできるだけ速やかに、かつ正確な情報を伝え、団本部は各分団に対して情報を踏まえた指示を行う。その指示にもとづいて、組織的行動が効果的に行われる。もちろん、今回のような災害規模においては、詰め所に向かう途中で、個人の判断で対応しなければならない状況に遭遇する場面も多かった。

第3分団と第7分団の詰め所は全壊、第4分団の詰め所は全焼したので、仮詰め所での対応を余儀なくされた。

災害の規模が大きくなればなるほど、本部と分団との正確な情報のやり取りは不可欠で、分団活動の拠点である「詰め所」は重要な意味を持った。詰め所を拠点として、被害状況を把握するために行われる消防団員の巡回活動を通じて得られる情報は、最も信頼性が高く、収集された情報をもとに復旧活動は本格化する。

［Cさん］

学校の門だけを何とか開けて避難者を入れて、運動場に集まってもらった。しかし、避難者が騒いで収拾がつかない。この事態を何とかしなくては大変なことになると思い、すぐに傾いた家に帰り、消防団の服装に着替えて、マイクで指示した。避難所に誘導したときは私服であったので、ほとんどの人が言うことを聞いてくれなかった。

パニック状態における消防団の存在の大きさを知ることができる。大混乱をきたした場面、災害現場では数多く見られた光景であったと当時を述懐する消防団関係者は多い。

同時に、消防団員自体も、消防団に対する市民の信頼度の高さを自覚したことは、団員の手記からもうかがうことができる。

消防団員自らも被災者という状況では、制約された行動にならざるを得ないと思いながらも、家族の安否確認後は消防団活動に専念した団員は多かった。「私」と「公」とのはざまで、本人はもとより家族にとっても複雑な思いで、一定の時間を過ごさなければならなかった。

［Dさん］
主人は消防団で外に出かけたまま、3人の息子らは、人命救助に出たまま、家の中には誰もいません。何時間経ったか分かりませんが、私は家の中を少しずつ片付けていきました。外は至る所から煙が上がり、夕方には家の前まで火がきました。主人に家の方も見てほしいと言いに行くと、家はいいから行きたかったらどこでも行けと怒るようにきつく言われ、泣くに泣けない悔しさでした。

［Eさん］

目の前で、次男の店が、夕方には三男の住まいが火に飲み込まれた。長男の自分よりも母がどんなに心を痛めたことだろうと思うと、言葉にならない。結局、その火は4日間燃え続けた。家の前まで火がきたときは、消防団員の家族として気丈にしていた妻もさすがに「他人のところも大事だろうけれど、自分の家を守ってほしい」と泣きついてきた。

消防団活動は、本人はもとより家族への負担をもたらす。大災害では、家族は「消防団員だから、しょうがない」という気持ちを持ちながらも、自分の家や家族の身が危険にさらされている状況下で、その思いは複雑である。家を一歩出れば、周囲の人々は消防団員という、いわば公人としての活動に期待するのだから……。

「地震発生と同時に、一一8回線ある一一9受信専用回線がすべて受信状態となった。それ以降も一一9番通報は止むことなく鳴り続いた。受信件数は7時までに44一件、17

日だけで６０００件を超えた」（『阪神・淡路大震災における消防活動の記録』）ということからも、同時多発の火災の発生状況下では、当時の神戸市消防局１、３２９名の人員で対応するには、限界は明らかであった。そのため、団員は家族の安否確認を終えると、分団詰め所に駆けつけた。消防団活動は、分団員相互の連絡が難しく、団員個人の判断に委ねざるを得なかった。すべての団員の消火・救命活動は、消防団の必要性を地域住民に強く印象づけた。

北淡町におけるコミュニティの有効性

北淡町（現淡路市）は、瀬戸内海に浮かぶ淡路島の西北端に位置する。阪神・淡路大震災の震源域に最も近く、被害状況は、死亡者39名、負傷者８７０名、全壊世帯１、０４９（全世帯の29・１％）、半壊世帯１、２２３（全世帯の33・９％）（北淡町『阪神・淡路大震災の記録』）であった。

消防団は6分団からなり、565名が定員。分団は昭和30年の合併前の1町5ヵ村の範囲を母体としており、旧町村との関係は深い。

北淡町消防団の特徴をあげると、第一に、団員となることは、当時は、地域の通過儀礼的な意味あいが強かったこと、第二に、人口（約11、000人）の割には消防団員定数が多かったこと、第三に、消防団員の平均年齢は37歳と、全国平均と比べて若いが、団員のサラリーマン化率が高くなりつつあったこと、などがあげられる。他方、退団年齢は45歳と若く、しかも65歳以下の団員OBが約500名もおり、現役消防団員と活動可能な団員OBを合わせると、全人口の1割を占めた。

平成7年1月17日午前6時30分、災害対策本部（本部長は町長、副本部長は助役、収入役、教育長、消防団長）が立ち上げられた。

地震発生直後から「救助を求める電話が殺到」し、庁舎内はパニック状態。役場では「各分団は自分たちの判断で対応してほしい」旨の指示を出した。亡くなられた方39名のうち38名は圧死による即死状態だったといわれる（北淡町作成『阪神・淡路大震災の記録』参照）。

消防団員と団員OBの数人がーグループとなり、電機店や土建関係の倉庫からチェーンソー、のこぎり、バールや鉄の棒などの資機材を持ち出し、生き埋め状態になっている住民を、次から次へと救出した。震災発生当日の午後6時には、行方不明者「なし」の結果が報告された。

災害時、北淡町の対応において特徴的なことを要約すると、次の3点である。

第一は、日常的な近所づきあいが活発に行われていたことから、一人暮らし世帯や高齢者世帯への対応が早かったこと（各家々の間取りを詳細に知っている人がかなり周りにいたということ）。

第二は、町内会の役員として名を連ねていた人のなかに、団員ＯＢが多く、両者の協力によって救助活動が円滑に行われたこと。

第三は、現役団員の指示にもとづいて、団員ＯＢをはじめとし、地域住民による救助活動が組織的に行われたこと。

北淡町では、火災の発生時はもとより台風・高潮シーズンにおける対応から、地域住民の消防団に対する信頼性は高く、常日頃から両者の協力関係が築かれていた。そのため、阪神・淡路大震災のような大災害においても、消防団の指示にもとづいた行動がスムーズに行われた。

北淡町のような対応は、淡路島の他町でも見られた。『一宮町消防団の震災時の防災活動の記録』には次のように記述されている。

「ほとんどの救出現場が古くからの町であり、良い意味でのコミュニティが存在している。寝ている場所までほぼ把握していた。そのため、無駄な労力を使うことなく、スムーズに救助活動を進めることができた」。

北淡町の消防団活動は1月17日から24日までは、24時間体制、25日から1月末日までは3交替制による消防詰め所待機、2月1日から15日までは各分団30名構成で消防詰め所待機をもって対応した（消防大学校『消防研修　第70号』）。

消防団は異業種集団であり、地元の土建業に従事している団員は倒壊建物からの人命救助にあたっては、各種器具の有効な活用方法を身につけていた。それに加えて、消防団、自主防災組織、さらに共通の趣味や娯楽を通じて形成されている各サークルがネットワーク化され、有効に機能した。まさに地域防災の原点が示されている。

自然災害の多発と消防団活動の多様性

平成8年から24年までの17年間で、震度6弱以上の地震発生は38回を数える（各年次の『消防白書』より合計）。また、雪害、集中豪雨、土砂災害、竜巻などにも数多く見舞われている。消防団はこれらの災害の発生に、いかに対応したかを概観したい。

事例1　新潟県中越地震

平成16年10月23日（土）17時56分頃、新潟県中越地方を震源とする、マグニチュード6・

8、最大震度7を記録した。

10月24日には「全村民に避難勧告」が発令された山古志村（現長岡市）では、地震発生により、随所で道路の寸断や土砂崩れ、土砂ダムの形式により、ほとんどの集落は孤立状況におかれた。被害状況を村役場に報告する通信手段が寸断されたため、団員は、日常ほとんど利用していない山道を通り現況報告を行い、できるだけ早い救助活動の要請を行った。各集落では団員や若者を中心として、高齢者や子供たちの避難活動を行った。

事例2　新潟県中越沖地震

新潟県中越地震から3年後の平成19年7月16日（月曜、海の日）10時13分頃、新潟県上中越沖を震源とするマグニチュード6・8の地震が発生した。長岡市、柏崎市、刈羽村、飯綱町（長野県）では震度6強を記録している。被害の大きかった柏崎市は、近年中心市街地の空洞化が進み、昭和56年以前の旧建築基準法にもとづいて建築された家屋が多く、これらが倒壊した。この地震で亡くなった11名中10名は柏崎市内の居住者であった。年齢別では70歳以上が10名、死因は自宅での転倒、家屋や寺の本堂で建物の下敷きによる圧死であった。消防団は倒壊家屋からの人命救助及び検索、住民の避難誘導、市内の巡回・警戒に当たった。

事例3　岩手・宮城内陸地震

平成20年6月14日（土）8時43分頃、岩手県と宮城県の県境付近の山間部で発生。マグニチュード7・2、震度7を記録する地震が発生。各地で土砂崩れが発生し、道路は寸断され、土砂ダムができた。土砂で埋まった駒の湯温泉付近一帯を中心に、死者13名、行方不明者10名を数えた。付近一帯は市の中心部からかなり内陸部に入っており、しかも県外の工事関係者や観光客の宿泊客もおり、情報はきわめて限られた状態であった。この一帯を管轄する宮城県栗原市消防団の定員は2、284名、平成の合併により、9町1村の消防団の合併により誕生した。地震発生当日から7月28日までの消防団活動は次のようであった。

・6月14日〜15日　それぞれの地区団（旧町村の消防団の呼称）が、地区内の被害巡回調査（出動団員852名）
・6月16日〜22日　行方不明者の捜索活動と降雨対策（出動団員391名）
・6月23日〜29日　土砂災害対策と24時間体制の分遣所対応（出動団員419名）
・6月30日〜7月6日　駒の湯周辺の捜索活動と24時間体制の警備活動（出動団員236名）（『近代消防』二〇〇九年一月号）

事例4　松江市・豪雪

平成22年12月末から翌年1月8日頃にかけて、島根県松江市は豪雪に見舞われた。松江市消防団第9方面団では、除雪作業、独居老人宅の巡回、緊急車両の誘導、倒木除去、飲料水・食料の運搬や配給、自主避難の支援などを行った。この間の出動人員は1、397名、最も多かったのは1月1日の407名であった。

積雪の多かった三保関方面団片江分団片江班の1月1日9時から24時にかけての活動内容は次のように報告されている。

26名の団員出動。自治会と共に地区雪害対策本部を設立。徒歩により管内巡回し、独居老人・老夫婦世帯・障害者等の安否確認を実施。市道に倒れた倒木の撤去、立ち往生車両の脱出補助（10台）、沈没寸前の船舶の除雪作業補助の実施。障害者の呼吸器用電源を確保するため、自家発電機を準備・接続（1日23：45〜2日17：32）を行う。人工透析患者（1名）を病院に搬送。消火栓付近の除雪作業の実施。

（『平成22年12月31日豪雪による消防団の活動』）

事例5　兵庫県佐用町・台風9号による豪雨

兵庫県佐用町（岡山県境付近に位置）では、平成21年8月9日～10日にかけて、台風9号により、1時間に50ミリを超える集中豪雨により、河川の氾濫、土砂崩れにより集落の孤立が多数発生した。8月9日には729名の団員が出動、土のうの積み上げ、堤防巡回、交通規制、避難所の警備、高齢者宅の安否確認などを実施。復旧活動の過程で、佐用町から80㎞ほど離れている豊岡市消防団が応援に駆けつけ精力的な活動を行った。

「同じ災害はない」と言われるように、災害は様々な顔を見せる。災害の発生は集落の孤立をもたらし、住民は不安な状況下におかれる。その時間の長短はあるが、その支えとして消防団の存在意義があることは5つの事例からも明らかである。

第5章 消防団員確保対策

消防団員の高齢化とサラリーマン化の進展

団員数が100万人の大台を割ったのが平成2年。その後も、団員は一貫して減少し続けていることについては、第3章で指摘した。

昭和40年以降の団員の年齢構成と平均年齢の推移を見ていきたい（表-6）。

（表-6）　各年次の年齢別構成（単位は％）

	19歳以下	20歳～29歳	30歳～39歳	40歳～49歳	50歳～59歳	60歳以上	平均年齢(歳)
昭和40年	2.7	42.7	45.0	7.8	1.7	0.1	—
50年	1.9	39.9	39.2	15.9	3.1	0.0	33.3
60年	0.5	29.5	47.3	15.7	6.1	0.9	34.5
平成 5年	0.6	26.1	43.5	21.9	6.5	1.5	35.6
15年	0.4	23.8	38.6	24.6	10.4	2.2	37.3
24年	0.3	16.9	39.2	26.3	13.1	4.2	39.3

『消防白書　平成24年版』より作成

昭和40年は、最も割合が高かった「30〜39歳」が45・0％、それに続くのが「20〜29歳」の42・7％で、この二つの年齢層で全体の87・7％を占めた。昭和50年もほぼ同じような傾向であった。年齢別団員の比率の分岐点は昭和60年である。昭和60年以降、「30〜39歳」をピークとして、「19歳未満」、「20〜29歳」の比率が減少する一方、「50〜59歳」、「60歳以上」の増加という構図で推移している。

なかでも、「19歳以下」と「20〜29歳」の合計は、半世紀の間に6割以上も減少した。この結果、団員の高齢化は進み、平均年齢は、昭和50年33・3歳であったのに対し、平成24年には39・3歳と、約40年間で6・0歳も高くなった。

平成24年の平均年齢を都道府県別で見ると、45歳を超える自治体数は「2」、「40歳以上45歳未満」は「18」を数える。平均年齢40歳以上の自治体は全体の42・6％を占める（消防庁資料）。

次に、（図‐3）からうかがえるように、年々、団員のサラリーマンの割合が増加している。昭和40年、サラリーマン化率は26・5％、60年は54・5％と、20年間で2倍以上に増加した。その後も団員のサラリーマン化率は増加傾向にあり、平成21年には7割を超え、それまで定着していた消防団員＝自営業という考え方は根底から見直さざるを得ない状況となった。団員のサラリーマン化率の増加により、分団会議や災害発生時の集合のあり方についても、新たな課題が生じている。

団員の減少、団員の高齢化、団員のサラリーマン化の進展は、ほぼ同時進行している。そのため、消

（図-3）　被雇用者団員比率の推移

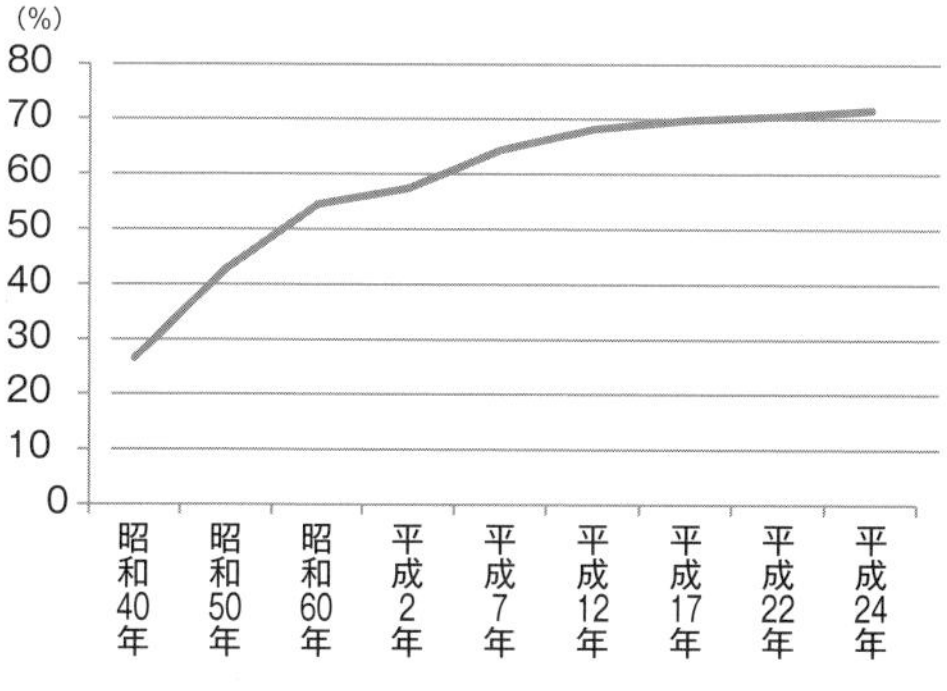

『消防白書』より作成

防庁は、平成8年から検討委員会を発足させ、様々な観点から検討を重ねているが、消防団組織のあり方を根本的に見直さざるを得ない状況である。

団員確保対策の難しさ

最近、消防団活動は、「危険」、「きびしい」、「評価の低さ」ということがほぼ定着している。消防団員の減少は、消防団の組織運営の根幹にかかわる問題を内包している。昭和20年代までは、一定の年齢に達すると、地域の通過儀礼として、消防団加入というコースが一般的であったが、現在はまったく異なっている。

近年、「田舎暮らし」を志向する若者も少なくない。そのような人々を対象として入団勧誘も行われている。分団における転入者に関する情報は、行政区長や分団員を通じてもたらされることが多い。

その点について、埼玉県から岩手県江刺市（現奥州市）に移り住み、農業経営を行っているKさん（40歳代前半）の例を紹介する。

Kさんは東京での教員生活を切り上げ、かねてから思い描いていた農業をやるようになったのは平成4年。地元農業委員会の仲介で、JR東北本線北上駅から12㎞ほど離れた広瀬地区に2・1haの土地を取得した。

平成7年、隣家に住む、当時広瀬地区第9分団で部長職にあったAさんから、「是非とも、消防団に入団してほしい」と再三にわたって誘われた。一日も早く地元に溶け込みたいという思いもあり承諾した。Kさんご自身は入団当初、消防団と消防署との区別すらつかない状態であったと言う。

広瀬地区では、三世代にわたって、いずれの世代でも消防団員を経験しなかった家はない、といえるほど消防団は地区住民にとっては通過儀礼としての意味合いが強かった。ところが、現在は若い人の多くが高校卒業後、大学進学や勤務の関係上、地元を離れるため、団員の補充には苦労している。「消防団を辞めるときは、後継者を見つけてから」という申し合わせをしているとはいえ、それが功を奏しているわけではない。現在、ほぼ定数は満たされているものの、居住地が広瀬地区ではない団員も少なからず存在する。

Kさんは、これまでの消防団員としての活動を次のように振り返る――。

▼地区内約110戸それぞれの事情（家族構成＝高齢者世帯や一人暮らしの老人世帯など、家屋の立地条件など）について、消防団ほど精通している組織は他にはない。これらのきめ細かな情報は、災害発生時に最も有効に活用できることは間違いない。消防団の情報は、1年に2〜3回程度の巡回訪問によって得られるものとは質の異なる、「リアルタ

イムの情報」だ。

▼人々の動きだけでなく、地区内の地形・地盤や動植物の変化にも敏感となる。それは、数年に1回程度は発生する恐れのある水害や土砂災害の予防対策の重要な情報でもある。災害予知を通じて、人はもちろんのこと農業被害も最小限に食い止めることができる。消防団はまさに、地区住民の日々の暮らしに安定・安心感を与える存在である。

それでも、Kさんは消防団という組織に多少なりとも異質なものを感じているという。

「様々な連絡事項は、部長から直接指示されるだけで、組織や活動について、自分たちで改善すべき点を話し合う機会がほとんどありません。長年にわたって踏襲されてきたやり方には、ある種の合理性は認めますが、消火や防火活動とはかけ離れた訓練など改良すべき点もあると思います。消防団員のなり手がない今こそ、団員が互いに話し合うことによって、いい知恵も生まれてくるはずです」と。

また団員歴30年以上の鈴木博行さん（大崎市消防団鹿島台支団本部分団長）は、転入者に対する入団勧誘の際の言葉の切り出しを次のように語る。

・地元の人々と早く馴染むためには、地元消防団に加入することが最も手っ取り早い方法です。分団は地域の情報の宝庫ですから。入団1、2年目は、会議は年数回、それと出初式に参加するだけで十分です。時間とともに、団活動の面白さが徐々にわかるようになりますから。

新入団員の加入においては、最近は消防署、自主防災組織の関係者、町内会役員を通じた勧誘が功を奏するケースが増えている。その点に着目して、FM放送の活用、消防団広報誌の定期発行、成人式や各種イベントにおけるPR活動なども行われるようになった。

平成19年12月、長野県飯田市で開催された「フォーラム　The消防団」の分科会で、団員確保の困難さについて、指摘された主な内容は次のようなものであった。

若者の減少及び地元定着率の低さ、地域の消防団への理解不足、地域住民の消防団のイメージの悪さ、団員確保は分団や団員にだけ任せられる、家族の反対、休日を団活動にとられる、地域社会に対する愛着のなさ。

内容は多岐にわたり、消防団を取り巻く状況の厳しさがうかがえる。

団員増加対策は、各消防団にとって非常に頭の痛い問題であり、様々な工夫が凝らされている。そのためにも、将来の消防団の担い手育成の一環として、少年消防クラブ活動の推進、長期休業を利用した児童の体験入団、あるいは学校カリキュラムへの位置づけ、地域防災訓練に対する小学生や中学生の参加も有効な方策であろう。

平成17年の改革

平成16年7月、消防庁は「消防団員の活動環境の整備に関する調査検討会」を組織し、団員確保の具体的方策に関する検討を行い、17年1月に報告書が作成された。それによると、これまでは、すべての消防団員が同一の行動スタイルであったが、団員のサラリーマン化が進み、就業構造を考慮した新しい視点からの団員のあり方が提言された。

それによれば、大規模災害発生時、団員が少なくなることが予想される昼間時、あるいは人命救助に大きな意味を持つ情報提供、といった特定の目的に限定した団員を認めることによって、団員増加を図るという内容が網羅された。

報告書の内容は、従来の消防団制度を根幹から変えるものであった。すなわち、すべての活動に参加する基本団員と、特定の活動のみに限定して参加する機能別団員の、二類型の団員が存在することとなった。平成17年4月以降、誕生した機能別団員としては、定年後の消防職員や団員からなる「職団員OB団員」、経験や知識を生かして団員指導を行う「指導者団員」、阪神・淡路大震災のような大規模災害にのみに出動する「大規模災害団員」、勤務先の分団エリアで災害が発生したときに活動する「勤務地団員」などである。それらに加えて、女性団員のみからなる「女性分団」、事業所が独自に組織する「事業所分団」なども挙げられる。さらに、災害発生時に交通渋滞が発生した際、情報伝達や被害状況などの報告手段として小回りのきくバイク隊、がれきや倒壊家屋の復旧活動を行う機甲隊、海難救助を主として行う水上消防隊や水上バイク隊も組織された。

これらの機能別分団のなかで全国的な広がりを見せているのが、昼間時の防災活動を担う「職団員OB団員」である。かつての経験が生かされるという面では、まさに即戦力である。特に過疎地を抱える自治体では、若者の流出が多く、団員不足で、昼間時の災害発生の対応には苦慮しており、それを解消する方策として期待は大きい。職団員OB団員制度は、市町村全体ということではなく、昼間時に団員が不足しがちな特定の分団で導入される傾向が強い。長野県飯田市では、平成21年8月1日に「支援団員制度」が導入された。平成19年、市の消防委員会において「火事が発生しても出動する団員がいない。団員が集まらず消防ポンプ車を車庫から出せないという事態も起こっている」ことが問題視された。市内3分団から要望があり、平成21年7月1日付で飯田市消防団条例の改正にもとづき施行された。新たな制度の内容を列記すると、次のようになる。

○支援団員の業務は、居住分団区域内への火事出動が主となること。

○分団で実施する火事訓練に年1回は参加すること。

○支援団員の定数は、条例定員割れの人員数をもとに今後長期運用できる固定した数（各分団10名以内）とし、総数は現在の定数とすること。

○入団要件としては、基本団員として3年以上勤務し退団した、33歳以上60歳未満の消防団OB。昼間、分団地区内又は隣接地区内で就業し、初期活動に従事できる者。

飯田市のような例は長崎県東彼杵町でも見られる。東彼杵町では、平成21年7月1日に「東彼杵町消防団補助団員任務、活動等に関する要綱」が定められた。主な任務は、初期消火活動、消火活動の補助活動、災害発生時の避難誘導及び情報活動などが取り上げられている。居住地の分団に所属し、年齢制限は65歳。石川県津幡町河合谷地区では、これまで一度も消防団員としての経験のない人でも、昼間時という時間限定で機能別団員として採用している例もある。

団員のサラリーマン化率の上昇によって、団活動の遂行のためには職場の理解が必要不可欠である。そのため、消防団活動に対する職場の理解を得る方策として平成18年度から導入されたのが、「消防団協力事業所表示制度」である。消防団活動に協力的な事業所に対して、「表示証」の交付を行っている。

この制度には、総務省消防庁が交付する表示証（「ゴールドマーク」）と、各市町村が交付する表示証（「シルバーマーク」）の２種類がある。この制度が始まった最初の年に「ゴールドマーク」の表示証を受けたのは、「太平洋セメント株式会社大船渡工場」（岩手県）と、「株式会社フタバ伊万里」（佐賀県）の２事業所であった。その後「ゴールドマーク」と「シルバーマーク」の双方とも増加しており、平成24年4月1日現在、ゴールドマークは６４１、シルバーマークは８、６０３（ゴールドマークを含む）の事業所が認定されている。全国で、この制度の導入市町村数は９２６（全市町村の53・2％）に達している。全国すべての都道府県で導入されているが、その導入状況にはかなりの差異がある。富山県、福井県、長野県、静岡県、三重県、高知県の６県では県内すべての市町村で導入されている。長野県は早くからこの制度に積極的に取り組んでおり、平成21年度から中小企業を対象として、法人事業税・個人事業税の減免措置を講じている。長野県と同様の措置は、静岡県でも平成24年度から始まった。税の減免制度の他、多くの市町村で導入されているのが、入札時の加点制度や商店の割引制度がある。消防団協力事業所表示制度は、消防団員の活動がしやすい状況を作り出すにとどまらず、従業員に対する消防団入団の働きかけについても、より積極的な対応が望まれている。

機能別団員制度にいち早く取り組んだ松山市では、郵政消防団員、大学生防災サポーター制度、事業所消防団員制度を採用し、平成17年度には条例定数（2、301名）に対して150名ほど不足していたが、平成24年4月1日時点で、定員は充足されている。

高齢化社会の対応と女性団員の入団促進

戦前の消防組当時から、男性が長期にわたって不在となる遠洋漁業の基地などでは、女性団員が存在した例はあったが、例外的措置であった。昭和45年、日本は高齢化社会に突入し、その後も高齢化率は年々上昇の一途をたどっている。消防団の使命は、地域の安全・安心を図ることであり、高齢者の増加が新たな地域問題を引き起こすことが予想された。

日本消防協会は昭和63年3月8日付の決議文において、「女性の特性を生かした消防団活動」の必要性を打ち出した。平成2年、全国都道府県別女性消防団員数が初めて公表され、その時点では、1、923人であった。その後、一貫して右肩上がりに増加し、平成24年には20、109人となり、20年間でほぼ10倍以上に増加した（図-4）。女性団員は当初、本部分団所属か、男性団員と同じように居住地の分団所属であった。機能別団員制度が導入されてからは、女性団員のみからなる独立分団として組織される例が多くなっている。

主な役割は、高齢者に対する防火指導・防火診断、広報宣伝活動、さらには地域防災訓練の救急・救命指導などがあげられる。女性分団の名称としては、ソフトな印象をアピールするため、サルビア分団（四日市市）、TEAM-アイリス（苫小牧市）、なでしこ分団

（南淡路市）、デージー分団（津市）、サンフラワーズ（彦根市）、シルキーファイアー（綾部市）、やまとなでしこ隊（奈良市）など、「花の名前」を分団名とするケースが多い。

女性団員の増加は、発足当初は団員不足の補充という側面があったが、高齢社会の到来により、高齢者の防火にかかわる様々な指導は地域社会の安全・安心にとって必要不可欠である。しかも、それらの指導を通じて、民生委員、自主防災会の役員、区長と接する機会も増え、これまでの消防団＝男性集団のイメージが変わりつつあることは確かである。

（図-4）　女性団員数の推移

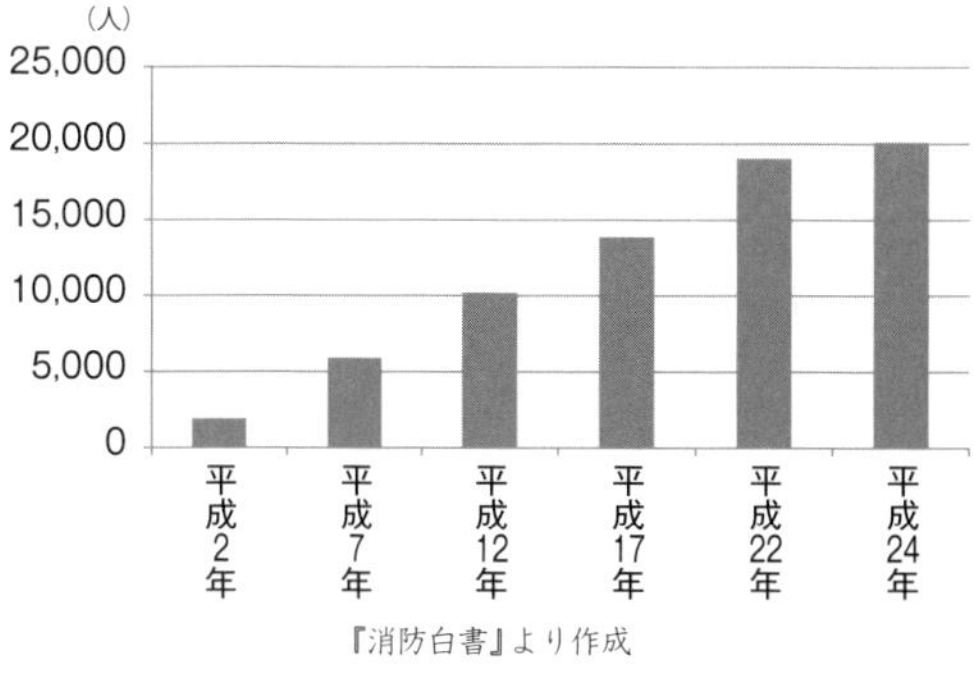

『消防白書』より作成

女性団員は2万人を超えたが、当初、目標とした10万人にははるかに及ばない。平成24年現在、女性団員は全国で半数を超える消防団に存在しているとはいえ、各消防団の対応にはかなりの温度差がある。女性団員数は東京都、北海道、神奈川県の3自治体が多く、全体の26・7%を占める。一方、300人未満の自治体は全体の42・6%も存在する。

奈良市消防局は、平成21年4月から女性消防団員の入団に積極的に乗り出し、平成24年1月現在、20代から60代の38名で多様な活動を展開している。

奈良市の女性消防団員の導入のきっかけは、平成20年2月、奈良市消防局が全団員を対象とした「消防団の現状と課題」についてのアンケート調査の実施である。その調査項目のひとつ、「女性の消防団入団の有無」においては、「女性の活動できる分野もあり、入団してほしい」が最も多く56・4%を占めた。この結果をふまえて、20年10月に作成された奈良市消防団組織改編基本方針で、女性消防団の導入が決定され、機能別分団として位置づけられた。

活動内容は、火災予防のための予防広報活動を中心とし、「防火思想の普及・啓発」、「防火・防災訓練指導」、「高齢者家庭等の防火訪問」、「応急手当普及指導」などがあげられた。同年12月には、市議会で条例改正案が可決・成立した。女性消防団員は「広報指導分団」として、消防団本部付けとなった。このような経緯から、奈良市女性消防団の設立にあたっては、消防局と消防団が一体となり、周到な準備のもとに進められた。こうした動きを通じて、発足当初から、市民の間にも女性消防団の必要性と役割が浸透したことが、20名の募集定員に対して、募集期間の平成21年1月8日から1月30日の間に46名の応募があったことからもう

奈良市／やまとなでしこ隊
（奈良市消防団提供）

かがうことができる。正式に任命されたのは39名。平成22年7月22日、「やまとなでしこ隊」と命名された。

やまとなでしこ隊は、奈良市消防団の広報活動の担い手として、市民や全国女性団員活性化大会にも積極的に参加している。女性消防団=広報活動という構図で示されるが、やまとなでしこ隊は、「市民に対する呼びかけや注意の喚起」にとどまらず、救急・救命講習会における講師、一人暮らしの高齢者の防火指導も積極的に行っている。とりわけ、救急・救命の動きを体操化した「やまとなでしこ体操」は全国的に広がりつつある。

最近、団員から、南海トラフ巨大地震に備え、避難誘導や救護活動、避難所の支援活動にかかわることを想定した訓練の要望も出されている。

公務員の入団促進

消防庁は公務員の消防団員への入団推進を図るため、平成14年11月25日付で、次のような通知文を各都道府県宛に送付した。

消防団員は、普段はそれぞれに他の職業をもつ地域住民により構成され、非常災害が発生した際に「自らの地域は自らで守る」との精神に基づき、それぞれの業務を一時的に離れ、人命の救助等の緊急の作業に当たっています。公務員においても、一時的・例外的に本来の業務を離れ、こうした活動を行うことは、消防団の活性化につながり、ひいては国民の生命、身体及び財産の保護にも大いに資するものであります。また、既に、地域によっては、郵便局の職員や地方公務員が団員となっている事例も見られるところです。このため、「時代に即した消防団のあり方に関する検討委員会第2次報告」（平成14年10月10日付消防消第２０３号―にて送付）においては、地域の実情によっては、地域に密着した事務・事業を担っている市町村や都道府県の職員や郵便局などの国の機関の職員が団員となることを慫慂《しょうよう》することを紹介しています。

―以下略―

公務員の入団については、消防団員が特別職の地方公務員という身分のため、都道府県や市町村によって、公務員の入団対応についてはばらつきがあった。この通知は、消防庁の統一見解を示し、公務員の入団促進を促すものであった。

平成24年現在、「地方公務員」６０、５９２人、「国家公務員」３、０５９人、「特殊法人等公務員に準じる職員」２６、７５２人、日本郵政グループ職員５、２２―人となっている。

地方公務員は、都道府県によって入団状況がかなり異なっている。地方公務員のうち

3，000名以上が団員となっているのは熊本県、兵庫県、一方500人未満の自治体は「5」を数える。

市町村にあっては過疎地を抱え、団員数が条例定員をかなり下回っているところがあり、市町村役場職員が時間限定（ほとんどは昼間時）で、災害発生時、身分上消防団員として出動するケースがみられる。この場合、「本部分団」、あるいは「役場分団（班）」として位置づけられ、管轄エリアは市町村全域というケースが多い。鹿児島県大崎町では2010年4月から、20～40代の役場職員40名体制により特設分団として発足した。大分県佐伯市では、市内各地にある市の出先機関に勤務する職員が地元分団に所属し、昼間時限定で初期消火活動を中心に行っている。岩手県滝沢村では、2010年4月から村役場職員だけからなる第11分団が創設された。

地方公務員の入団促進を図るため、平成25年6月28日付で、各都道府県知事と各政令都市市長あてに消防庁長官名による「消防団の充実強化について（依頼）」、11月8日には総務大臣書簡、さらに12月24日には「消防団充実強化対策本部」が設置された。

市町村役場職員が消防団に入団することにより、団員と接触する機会も多く、住民の行政に対する「生の声」を聴くことができ、住民と市町村との風通しの面からもメリットは大きい、と話す市町村長もいる。一方、災害発生時の対応のあり方に関しては、十分な検討が加えられていない市町村もある。

第6章　都市部の消防団の実態

都市部の消防団問題の潜在化

都市住民には、「防災活動は行政の任務であり、消防団は不要である」。あるいは「都市部は常備消防が充実していれば、それで十分である」という考えを持つ人も少なくない。高度成長期において、都市では高層化・地下化が進み、高度な消防技術力と装備を兼ね備えている常備消防への期待は高まった。

昭和40年、自治体別の消防職員数では、全国第1位は東京都の10,240人、第2位は大阪府の4、643人、北海道、神奈川県、愛知県と続き、人口数にほぼ比例している。これら5自治体が全国に占める消防職員の割合は49・4%であったのに対して、団員の占有率は10・1%に過ぎなかった。年々、このような傾向は進み、都市＝消防職員、農山漁村（むら）＝消防団という構図が定着していった。そのため都市部では消防団員の定数と実人員との差は拡大する傾向が見られたが、それほど問題視されることはなかった。

高度成長の進展とともに、都市中心部の空洞化が進み、居住地が周辺部に移動する傾向が強まり、夜間における防災・防犯上、新たな問題を抱えるようになった。それらの問題の解決は、「自治体行政の対応如何《いかん》である」と公言する都市住民も少なくない。

周辺の住宅地では、年齢の若い、乳幼児を抱えている家も多く、春・秋の火災予防週間には当該分団による巡回活動が行われるものの、「サイレンの音がうるさく、子供がなかなか寝つかないで困る」という苦情も寄せられ、地域巡回の回数を減らしたり、スピーカーのボリュームを低くする等の対応策を講じなければならない状況も生まれている。

平成の合併前、全国で消防団が存在しなかったのは「6市」であった。大阪市は平成20年3月、大阪市消防局の退職職員による「大阪市消防局災害活動支援隊」(定員700名)の機能別団員が誕生した。泉大津市は、平成17年に消防団が再結成(団員数の補充がままならなかったことから、昭和47年に解団)された。

堺市、西尾市、岸和田市の3市は、平成の合併を機に、新たに合併した市町村の既存の消防団をそのまま市消防団とした。高石市は平成20年に消防団が誕生した。

これらの消防団の成立は、近い将来、予想される南海トラフ地震に対する備えに加えて、平成16年6月に成立した国民保護法に伴う住民の避難対策を考慮した結果と考えられる。この点からしても、大規模災害時における消防団の有効性は認められる。

都市部の消防団の特異性

都市の消防団の特徴を列記してみたい。

第一は、隣接分団であっても、分団により活動内容がかなり異なっていること。地域社会にあっては、分団対応には多少の対応の違いあるとはいえ、沿岸部、内陸部、山間部という地理的条件により、活動内容はかなり類似している。

だが、都市部においては、地理的特異性に加えて、人の動きにより活動内容にかなりの違いがみられる。たとえば、繁華街を抱えた地域、夜間には人通りがほとんどない地域、新興住宅地にあっては、災害や防犯上の問題はかなり異なる。

一例をあげると、繁華街を抱える分団にあっては、深夜から早朝にかけて発生する火災対応は難しい。団員の居住地が必ずしも分団エリア内とは限らないため、出動団員は少ない。消火作業は常備消防が中心とはいえ、団員は、野次馬や交通整理にあたる。特に野次馬の整理にはてこずることもしばしばである。

第二は、団員の移動が頻繁なため、団員補充がままならない状況が常態化する傾向がみられる。

都心に近いエリアを管轄する分団の構成は、地元団員、勤務地団員が主である。勤務地団員は、日常の消防団活動すらままならず、地元団員との意思疎通も図られないこともある。それに加えて、居住地と分団との距離が離れているため、災害発生の時刻によっては出動が難しく、地元団員の負担が大きくなることもある。最近は、消防団協力事業所表示の認定を受けた企業から団員として参加する傾向は増えつつあるが、勤務地団員と同じような状況を抱えている。

第三は、消防団と消防署との連携はきわめて密な関係にある。

都市部では規模の大きい文化、スポーツ等の開催が頻繁に行われることもあり、消防署から消防団に対して出動要請が行われることも多い。大会によって、消防団の対応のあり方が異なるため、両者の意思疎通は欠かせない。仙台市青葉消防署管内では、月1回、消防署と分団長（10分団）との会議をもっている。

仙台市青葉消防団の中央分団長・梅本律雄さんは、「都市の消防団の活動は住民にはなかなか見えにくい。だが消防署と消防団が一体化した体制で対応しなければ、都市住民の安全・安心は守れない」と話す。

二つの大きな問題

【放火への対応】

都市の消防団にとって、最も厄介な問題は「放火対策」である。放火（放火の疑いを含む）の発生は都市部に限ったことではないが、発生件数は、都市部が圧倒的に多い。

東京都では、ここ10年間、出火原因に占める放火の割合は30%を超え（平成24年は29・6%）、抜きんでている。そのため、東京消防庁は、特別23区の消防団の主な活動として、「放火に対する消防団対応」を独立項目として掲げている。対応内容として、次のように記されている。

特別区の消防団は、放火火災が連続して発生した場合は、消防署と連携し巡回警戒及び巡回広報等を実施し、地域住民に放火に対する注意喚起を実施

放火（放火の疑いを含める）が起こると、当該消防分団は消防署との連携に加えて、町内会・自治会と一体となり、情報交換、火気取り扱いの申し合わせ、さらに地域内巡回活

動が実施される。
放火は発生時刻・原因・場所がきわめて不確定であるため、解決まではかなりの日数を要することもある。そのため、長期間にわたって、地域ぐるみの放火対策が行われることも少なくない。都市では、空家、見知らぬ人が頻繁に出入りするアパートやマンションも多く、消防団の警戒活動は以前より困難となっている。
東京都が作成している放火予防対策の事例集によれば、「放火火災予防キャンペーンと防火診断の同時実施」、「車輌への放火防止及びボディカバーの防炎化の推進」、「商店街のアーケードにポスターを集中的に掲示」。それらに加えて、火遊び防止のための教育委員会への依頼等についても記述されている。

【団員不足による、分団空白地域の対応】

新興住宅地では、新たな分団の組織化はままならない。その間、既存の分団が管轄地域として抱え込まざるを得ない。新興住宅地は丘陵地の切り崩しや低湿地の埋め立てによって造成されたところが多いため、増加傾向のある集中豪雨により、土砂災害が多く発生している。

昭和53年に発生した宮城県沖地震における埋立地の新興住宅地一帯が液状化現象により、ブロック塀が倒壊し、多数の死傷者が発生したことは記憶に新しい。それに加えて、既存の集落と新興住宅地を結ぶ交通手段は数本の道路しかないというケースもあり、土砂崩れや周辺の中小河川の氾濫により、住宅地が孤立することもある。そのため、当該分団では気象状況、河川の増水の動きには細心の注意を払わなければならない。その際、住宅団地住民と分団員との意思疎通が十分でないことから、避難指示や避難場所への誘導がスムーズに運ばないこともある。

また急激な人口増加によって大都市周辺に誕生した衛星都市的性格の自治体では、団員集めが難しいことから、長年、団員定数が変更されない状態が続き、少数の団員や分団では十分にカバーしきれない状況も見られる。

伝統的行事に対する二極化

正月14日、全国的に行われる「どんと祭」（地域によって、呼称は異なる）は、消防団が長年にわたってかかわってきた行事のひとつである。伝統的行事は戦後二度の合併を通じて、二極化する傾向がみられる。ひとつは、市町村合併前から行われていた地域（旧町村）でこれまで通りの形式や内容で行われる場合、もうひとつは合併に伴い自治体規模が大きくなったのを機に、新しく誕生した市町村全体の行事とするケースとがある。後者にあっては、メディアで取り上げられることもあり、観光資源として活用され、火

奈良県／若草山の山焼き
（奈良市消防団提供）

伏祈願という本来的な目的が後退し、団員の活動は火災の警戒や警備が中心となる。

奈良県で行われている伝統的な行事のひとつに「若草山の山焼き行事」がある。この行事は、花火を合図に、午後6時から本焼きが始まり、午後9時頃に終了する。

消防団員は本焼き、延焼防止の警戒、鎮火の最終確認と一連の行事の中心的役割を果たす。長年の伝統的なやり方を踏襲しており、消防団の存在を、見物人に強くアピールする場となっている。防火にかかわる行事は、火難防止と観光のいずれに重点をおくかという点では、消防団関係者の意見は分かれる。

大学生（専門学校生を含む）の入団促進

平成17年度から始まった機能別団員制度導入の先駆けとして全国的に注目を集めたのは

松山市である（第5章参照）。松山市が取り組んだ大学生の入団への働きかけは、都市部を中心として全国的に広がりつつある。大学や専門学校では、入学式や大学祭をはじめ、様々な機会をとらえて、消防署員、消防団員、行政の防災担当者の出前講座が開かれることも増加しており、大学生の消防団に対する認識にも変化の兆しが見える。

平成24年、全国で、学生の消防団員数は2、335名を数える。これを都道府県別でみると、トップは東京都573名（24・5％）、それに続くのが愛知県262名、福岡県177名、兵庫県168名、京都府153名である。入団した学生から話を聞くと、「高校時代までは、消防団は職業と思っていた」、「誘われたとき、消防団のイメージはあまりよくなかった」という声も聞かれた。入団後にあっては、「年齢や職業も違っているので、団員から生活体験を聞くことができ、将来の職業選択に役に立った」、「地域の方々の役に立っていると思うと、やる気も出てくる」という答えが返ってきた。

平成22年4月、千葉県淑徳大学では、「千葉市消防団第3分団5部」として位置づけられ、災害の発生時には地域の防災拠点となる態勢が整えられた。

学生の主な消防団活動としては、分団広報誌の作成、救急・救命対策、とりわけ女子学生は救急救命士の資格を取得し、緊急事態に対応できるような体制がとられている。とはいえ、学生にとっては、ボランティア活動と消防団との認識には、かなりの開きがある。ボランティア活動は新しい活動スタイル、消防団は古い体質の組織と認識されている傾向は否めない。とはいえ、平成18年1、234人であったが、平成24年には2、335人と、6年間で2倍近くになり、徐々に増加傾向がみられる。

第7章　東日本大震災の発生と団活動

歴史は繰り返される

明治以降、三陸沿岸地域を襲った大津波の例は、これまで二度記録されている。最初は、明治29年6月15日（旧5月5日　端午の節句）、午後7時32分発生。死者総計21、959人（青森県343人、宮城県3、452人、岩手県18、158人、北海道6人）（『津波―語りつぐツナミ―』）であった。

「地震はあまり大きくなかったが、上と下にゆれた。地震がしてまもなく大きな音がして、いくらもたたないうちに大きな津波がやって来た。浜に個人の小屋と、その隣に□（人名）という人が店をたてていた。その家と原子内の□（人名）は家とともに人も全部流されて死んだ」（明治年20生まれ、小子内居住　畑川仁太郎さん談／『津波—語りつぐツナミ—』）。

それから37年後の昭和8年3月3日、午前2時30分、マグニチュード8・3の地震発生。そのときのことを記した記念（慰霊）碑が宮城県気仙沼市大島に建立されている。そこに刻まれている一部を紹介する。

「昭和八年三月三日午前二時卅三分、地大イニ震ウヤ三分間、ニワカニ爆音ノ沖合ニ起リ、其ノ放射ノ光芒

昭和８年の津波慰霊碑／麦澤忠義氏（洋野町）提供

西空ニ現ルアリ。須臾ニシテ怒濤相ウツ。衝波狂瀾海底ヲ捲キ来ッテ大磐石ヲ陸上ニ噴キ、温浜半島七十尺ノ断崖ヲ横流シ長崎湾内ニ注グ。其ノ趨勢ノ猛ナルヤ崖ヲ噛ミ樹ヲ倒シ、埋没セル陸上ノ大石ヲ海中ニ沈メ、一襲シテ以ッテ島中百余ノ船舶ヲ竭ス其ノ残痕前回ニ劣ラズト雖ドモ、而モ幸ニ人畜ノ死傷希ナルハ、則チ前回ノ防備完キト、各人心離反応ノ結果ニヨルヤ大ナリ。ムシロ隣村ニ比シ被害ノ小ナルハ、則チ地ノ利ニシテ、黒崎、両前見島ソノ湾喉ヲ扼セズンバ豈イズクンゾ扼スルヲ得ンヤ（以下略）」（『大島誌』）

明治29年の大津波において、岩手県九戸郡種市村（現洋野町）八木集落は、九戸郡内では最も被害が大きかった。36戸中30戸（流出・全壊）、人口253人中死亡126名（49・3％）という惨状であった。明治29年の大津波によって被害を受け、高台に移転した住民も多かったが、40年近くも経過すると、地元住民のみならず他所から移り住んだ住民も増え、高台から徐々に海岸近くへと移動する傾向が見られた。そのことについて、当時の八木地区住民は次のように話している。

「三十年に一回は津波があるものと昔から決っているようなものであるから今の場所など永住の場所では無いが、誰か道ばたに屋台店でも出して繁盛すれば、何時の間にか隣へも隣へもと家が建って行っては津波にやられて了うのである。」（『津波―語りつぐツナミ―』）

三陸沿岸一帯は、歴史的には幾度となく大きな津波に襲われ、その経験を後世に伝えるため、各地に津波の記念碑（慰霊碑）が建立されている。かつて甚大な被害を受けた沿岸部でさえ、時間の経過とともに、再び海岸付近に集落が形成される例は数多く見られる。

昭和30年代の高度成長を象徴するのは、太平洋ベルト地帯と称される東北地方から瀬戸内海沿岸にかけての世界有数の工業地帯である。その周辺には関連産業が集積し、巨大工業圏が誕生した。それとともに、エネルギー革命により、原子力発電所も建設された。また遠洋漁業から養殖漁業へと漁業形態が大きく変わり、沿岸部には居住地に加え、老人ホームや特別介護老人ホームが建設されるようになった。

時間の経過とともに、「この一帯はかつて津波に襲われたことがなかった」と語られるようになり、過去の津波の経験は沿岸住民の記憶から遠ざかっていった。沿岸地域では、家屋が建設された後に、わずかな空間を縫うように道路が走っており、道幅が狭く、袋小路状になっているところがいたるところにみられる。その一帯の地理に精通するには時間がかかる。高度経済成長のうねりと急激な高齢化社会の到来は、津波の危険性を彼方に追いやった。他

明治・昭和の津波の高さを示す目印／宮古市田老地区

方、新たな工場の立地は就業機会の場として歓迎され、人口の稠密地域が形成された。

東日本大震災の発生

2011年3月11日、午後2時46分。東北地方太平洋沖地震（東日本大震災）が発生した。震度5強以上を観測した地点では、地の底から何度も襲って来る強い揺れに耐えるしかなかった。これまで予想されていた宮城県沖地震をはるかに上回るマグニチュード9・0という巨大地震が、北海道から関東地方の太平洋岸を広範囲に襲った。3月12日の宮城県の地元紙・河北新報の第一面の見出しは「宮城震度7　大津波」と報じた。

地震発生の3月11日中、消防庁災害対策本部から発表された地震概況は「第14報」を数えた。時間の経過とともに、被害状況の深刻さが徐々に明らかになっていった。

津波の被害について、具体的内容が初めて発表されたのは、第13報（3月11日　22時

00分）の「2被害（4）」の津波被害の項である。

岩手県　宮古地区において津波により10ヵ所以上の集落が全滅
　　　　陸前高田市の市内4町水没（詳細不明）
　　　　大船渡市300棟以上が崩壊または流出
宮城県　石巻市において住宅10棟流出
　　　　仙台港南防波堤において住民20人、警官2人取り残される
　　　　名取市各所で屋根の上に避難者多数
福島県　相馬地方広域において津波により海岸に数人取り残される
　　　　須賀川市内2箇所において家屋及び人が流される（救助活動中）
　　　　相馬市において津波被害甚大（詳細確認中）
茨城県　大洗町中心部まで津波

かつて経験したことのなかった地震規模と長時間の揺れは、まさに「巨大地震」そのものであった。巨大地震の発生から3分後、太平洋岸の広範囲にわたり、大津波警報・津波警報が発令された。その大津波は太平洋沿岸被災地に到達するまでの時間は30分から40分前後であった。

三陸海岸は、海岸線が複雑なリアス式海岸が多く、今回の大津波は隣接する集落でさえ、被害規模は大きく異なった。地震発生から津波が到達するまでの時間内で、多くの人は1～2㎞の距離を移動することは可能であったと推測できる。だが、各地で聞かれた言葉は、「津波が目視可能な距離に接近しても、その場から逃げようとしない住民は少なくなかった」と。「津波はここまでくるはずがない」、「この場所は、かつて一度も津波に襲われたことがない」という先入観もあり、大津波警報を軽く考えてしまった人があまりにも多かった。

今回、被害を受けたほとんどの地域は、過去に大津波の襲来を受けたことがあり、直近の例としては、昭和35年と平成22年のチリ地震津波がある。平成22年2月27日に発生したチリ地震津波（マグニチュード8・8）の発生によって、気象庁から津波注意報や津波警報が発令された。が、この津波によって、ごく限られた地域で、1mを超える津波が観測されただけで、多くの観測地点では潮位の変化はほとんど見られなかった。「昨年のチリ地震津波の体験から、心のどこかに油断があったのかもしれない」という言葉は、いたるところで聞かれた。

15時30分過ぎから、大津波は何度となく三陸沿岸を襲った。

平成26年3月7日13時00分に消防庁災害対策本部から発表された最新版の「平成23年（2011年）東北地方太平洋沖地震（東日本大震災）について（第149報）」によれば、死者数18、958名、行方不明者数2、655人という未曽有の大災害であった。死者・

行方不明者は13都道県、負傷者及び住家被害は23都道県に及んだ。

広範囲にわたる消防団活動

地震発生とほぼ同時に、東北地方から関東地方にかけての太平洋沿岸の多くの自治体では災害対策本部が設置された。

活動可能な団員は、家族に対して「とにかく避難場所に急いで行くように」、「子供を頼む」という言葉を残して、所定の詰め所に向かった。平成23年におけるサラリーマン化率は、被害の大きかった岩手県71・2%、宮城県63・6%、福島県78・6%と、いずれも全国平均とほとんど変わらなかった。職住分離社会の進展により、地元を離れて勤務している団員は多く、加えて災害発生時、道路の混雑や破損状況、家屋の倒壊、あるいは勤務先の就業事情などから、地震発生直後に参集できた団員は、3割程度であった。

大震災の発生当日の消防団の主な活動について記述する。

【水門・陸閘門《りくこうもん》の閉鎖】　沿岸部の分団にとって、地震＝津波の発生↓水門・陸閘門の閉鎖という行動は常日頃から周知徹底されている。水門・陸閘門は海洋と陸地を遮断し、津波、高潮から地域住民を守ることを主な目的として作られており、地域住民の生命と直結する。

水門や陸閘門の閉鎖は、高潮の時期や台風シーズンを中心として、年間10回は数える。これらの閉鎖は、国や県から委託を受けた市町村が民間業者に管理を委ねているケースもあるが、多くは地元消防団が請け負っている。例年、大潮と台風の襲来が重なったときは、団員が詰め所で、24時間体制で監視に当たることが常である。

水門や陸閘門は、年々遠隔操作や自動化が増えつつあるが、手動も多い。今回の大震災で、分団、部、あるいは班が担当した箇所が「10以上」というところもあった（消防庁『東日本大震災を踏まえた大規模災害時における消防団活動のあり方等に関する検討会／報告書』）。水門・陸閘門は、津波の襲来が迫る状況では、可能な限り短時間で閉鎖を完了しなければならない。マグニチュード9・0の巨大地震によって、停電、参集団員の少なさ、小雪交じりの気象条件は団活動を困難な状況に追いやった。

宮城県東松島市第10分団東名部では、二つの水門を担当している。

3月11日の地震発生と同時に、東名水門の鍵の保管を当日に限って分団長から依頼された団員と、東名水門から5㎞ほど離れた小野地区で自動車整備工場を経営する伊澤部長が駆けつけ、ディーゼル発電機を使い15分ほどで水門を閉めた。その後、10分ほど経過した頃、運河の水がまたたく間に底が見えるほど引きはじめると間もなく、高い壁のようになって東名水門にぶつかってくる津波が部長の目に入った。「映画のシーンを見ているのではないか」「このようなことが現実に起こりうるのだろうか、まさに夢の世界にいるような気持ちになった」と、部長は話された。

東名部が委託されているもう一つの船溜まり用の元場水門には、地元で牡蠣養殖を営む斎藤班長と二宮（義）団員が駆けつけた。二人で水門を閉めようとしたが、停電により、機械操作をあきらめざるを得なかった。直ちに手動に切り替えたものの、1時間かけて、20㎝ほどしか下げることはできなかった。齋藤班長の視界に津波が入ったとき、水門の鉄扉を支えている4本の鉄柱のうち1本の最上部にしがみついたものの、真っ黒な津波は足元まで一気に達した。付近の岸壁が次々と破壊されるのを目前にして、「次は俺の番だ」と覚悟を決めたとき、これまで経験したことのなかった恐怖に襲われた」という。

2011年10月17日付けの読売新聞は「水門操作72名死亡・不明」と報じた。

【避難広報・誘導活動】大津波警報の発令とともに、分団や部、あるいは班では、積載車やポンプ車で、避難を呼びかける巡回活動を行った。沿岸部は過疎地域が多く、しかも一人暮らしや高齢者の比率も高い。そのため、分団や部では区長、自主防災の役員、民生委員が互いに協力し合って、その自宅に直行し安否確認、避難誘導を行なった。

「大津波警報が出ました。できるだけ早く逃げてください」という団員の呼びかけにほとんど耳をかさず、「この付近は大津波に襲われたことがないから」とか、あるいは「昨年の2月28日のチリ地震津波の際にも、津波の高さは50㎝にすぎなかったから」と話す住民もいた。限られた時間に加えて、家屋の倒壊や橋梁の落下により、指定避難所までの誘導には、普段とは比較にならないほどの時間を要した。津波が巡回中の団員の視界に入り、身の危険を感じ、その場を去ろうとしていた矢先、「あの家に寝たきりの老人がいます。助けてください」と言われ、自分の危険を顧みず救助活動を行った結果、津波に巻き込まれて犠牲となった団員もいる。

避難誘導には交通整理が伴う。各地で交通渋滞が発生した。団員は交通整理にもあたったが、道路が損壊し、車は進めない状況であった。なかには、団員に対して運転手が「お前たちに誘導する権限があるのか。早くどけろ」という罵声を浴びせ、制止を振り切って前進する車もあったという。さらに、停電のため、沿線を走る鉄道の踏切が誤作動（鳴りっぱなしの状態）、交通渋滞に拍車がかかった例もあった。

【避難所の移動補助・警備】　指定避難所に避難できたものの、予想を超える津波の高さ、厳しい寒さ、新たな津波襲来への恐怖、といった地震発生当夜における団員の対応は困難をきわめた。

・時間の経過とともに海水は多少引きはじめたものの、当日の気象状況から指定避難所となっている小学校の体育館内の気温が低下し、0度以下であった。しかも、ほぼ全員がずぶ濡れ状態で、「このままでは多くの人が凍死する」ことも考えられた。そのため、区長を中心とした話し合いにより、午後10時頃から屋根つきの渡り廊下を通って校舎内へ移動が始まった。体育館と校舎の距離は50ｍほどしかなかったにもかかわらず、渡り廊下はがれきが山積みされた状態で、団員や若者を中心として数人がかりで1名ずつ、校舎の方に移動させた。移動が終了したのは午前1時50分過ぎであった。その場に居合わせた13名前後の団員は、午前4時頃、靴を履いたまま、ずぶぬれの状態で4畳半ほどの広さの調理準備室で仮眠をとった。（宮城県東松島市第10分団亀岡部）

・指定避難所が吉田川河口付近に位置し、比較的高台にある。東松島市新町地区一帯は、かつて津波被害にあったことがなかったという。今回は、指定避難所（コミュニティセンター）周辺はがれきが高く積み上げられた状態で、避難したとはいえ、一歩も外に出ることはできなかった。避難した人々のなかには高齢者も多く、憔悴しきった状態であった。

午後7時頃、勤め先から戻った新町部の団員数名が、「地区住民の多くがコミュニティセンターに取り残されているらしい」という情報をもとに、腰まで海水に浸かりながら、がれきの間を通り抜け、やっとの思いでたどり着いたのは午後8時半頃であった。

コミュニティセンター内では、真っ暗闇のなかにろうそく一本の明かりをとり囲むようにして、80名ほどの地区住民が放心状態で座っていた。余震は間断なく続いた。駆けつけた尾形班長は、「ここは再度津波に襲われる危険もあり、しかもこの寒さは体に堪えるので、中下地区と浅井のコミュニティセンター（約2㎞の距離）に移った方がよい」と、再三にわたり説得を試みた。しかしながら、「どこに行っても同じだから、ここにいた方がいい」、「もう歩くのは困難、無理だ」と話される人も多かった。一時間ほど沈黙が続いた。

そのうち、若者のひとりが「俺は中下に行く」という話をきっかけに、やっと隊列ができあがった。団員は避難する住民の歩行を助けながら中下地区と浅井のコミュニティセンターに向かった。精神的ダメージの大きいなか、避難できた住民が新たな行動を起こすことは大変なことであった。尾形班長は、「我々団員の説得に応じてくれたのは、団員を信じてくれたことの証しだ」と思ったとき、胸に込みあげるものを感じたという。

（宮城県東松島市第10分団新町部）

【消火活動】　消防庁の「平成23年　東日本大震災（第149報）」によれば、火災の発生は330件、13自治体に達する。うち宮城県137件、岩手県33件、東京都35件で、これら3自治体で全体の6割を超えた。火災は、津波の発生により臨海地域に立地する石油コンビナート火災（津波型火災）と、建物の倒壊による可燃物の転倒や落下による火災（従来型火災）とに大別される。津波型火災は規模が大きく、しかもがれきや津波の影響により最新の消火設備であっても、鎮火までにはかなりの時間を要した。一方、従来型火災は、団員の消火活動は行われたが、火災現場までの道路事情や水利条件が極端に悪化していた箇所も多く、消火作業は限定的にならざるを得なかった。

・宮城県石巻市第2分団第3班（門脇班）では、地震発生直後、分団長は団員と一緒にポンプ車に乗り避難広報活動を行った。その途中、日本有数の一級河川・北上川が逆流していることに気づき、指定避難所である小学校に戻り、海の方を眺めると6mは超えると思われる津波が壁のように迫ってくるのが見えた。間もなく、津波によりかなりの車が押し流され、校舎にぶつかって来た。その頃、海上のいたるところで、火災が発生していた。火柱が徐々に小学校に近づいてくるのが確認されたとき、小学校も危険であると考え、裏山の高台に移動することを決めた。そのためには、校舎の西側の階段状になっている急斜面の竹藪をぬって這い上がらなければならなかった。高齢者や体の弱い人のために、学校で使用されていた教壇を階段状に並べて誘導した。

時間の経過とともに、沿岸部一帯に火災が広がりはじめたので、集合できた団員で消火活動を行った。消火栓は使用不可能であり、高台にある二つの高校のプールから下の防火水槽に水を移し、そこから20mほどの長さにホースをつないで、消火活動を行った。指定避難所となっていた小学校はその日のうちに全体が炎に包まれた。鎮火するまで2週間ほどを要した。

・気仙沼市鹿折地区では、15時56分に火災が発生。火災発生から1時間も経過しないうちに、湾奥一帯に広がる市街地にまで火は燃え広がった。第3分団は、小型ポンプ車2台を使い、約300mまでホースを延長して消火活動を行った。また緊急の知らせを受けた他分団と消防署員とが連携し、水利条件が悪いなか、ポンプ車2台、小型ポンプ4台で約1kmにホースを延長し消火活動を続けた。消火作業は退避と消火活

消防署員と消防団消防署の連携
（気仙沼・本吉地域広域行政事務組合提供）

動を繰り返しながら行われた。この間にLPガスボンベの爆発が起こり、延焼を食い止めることは容易ではなかった。翌日、東京都隊と新潟県隊の緊急消防援助隊も加わり、12日の昼過ぎにはかなり鎮火できたが、がれきの残火処理が完全にできたのは3月23日、午前7時48分であった。焼損棟数は295、焼失面積は約10万㎡に達した。（気仙沼市第3分団）

消防団活動の落とし穴

消防団員には、地域社会のためには自己犠牲を払いながら進んで事にあたる、いわゆる「義勇精神」が今なお根底にある。そのため、「我々の行動は、たとえ火の中、水の中でも、恐れることなく対応するのが本来的な使命」と考えている団員は多い。そのような考え方は、「精神論重視」と結びついて、自らの危険の回避がなおざりになりがちである。

宮城県東松島市第10分団の櫻井分団長は、地震発生時、自宅から直線距離で20㎞ほど離れている塩竈の作業現場にいた。地震発生とともに作業現場を離れ、地元に戻るために車で向かった。何度も強い余震に襲われ、しかも道路の陥没や土砂崩れの箇所も多く、山道を走り抜け45分ほどかけて自宅に着いた。

その時点では、津波は視界にはまだ入ってはいなかった。家族に対しては「津波がくるからすぐに避難するように」と言い残して、自宅から50ｍほど離れたポンプ置き場に向かい、居合わせた団員と一緒に「地域住民に早く避難するように広報活動をしよう」と、詰め所からポンプ車を出して巡回活動を行った。ところが、ポンプ車が３００ｍほど進んだとき、壁のように襲ってくる津波を目の当たりにして、同乗していた団員から「これ以上進むことは危険です」と言われ、ポンプ車をその場に置き30ｍほどの距離にある宮城県漁業協同組合鳴瀬支所の２階に駆け上って間一髪、難を免れた。そして、分団長と団員は２階ベランダで、避難していた住民と協力して、津波で流されてきた人々の救助活動を継続した。

分団長の行動は、まさに時間との闘いであった。塩竈から地元までの間、「強い地震だ。大きな津波がくる。自分が先頭に立って指揮をとらなければならない」との思いが、何度も脳裏をよぎったという。分団長が乗っていたポンプ車は１００ｍほど流された地点に横倒し状態になっていた。

長期化する防犯活動

津波によって、分団の管轄地域が無人状態となったところは多い。無人化した地域を中心に、震災の翌朝から不審者の出没が確認され、財布やガソリンの抜き取りなどの犯罪行為が行われたことは、多くの証言から明らかである。当時の被災地の状況では、所轄の警察署や派出所の機能がかなり制約されていたため、当該分団のみで対応せざるを得なかった。地域内に通じる道路封鎖、昼夜を問わない巡回活動が実施された。自衛隊や全国の警察官が支援に駆けつけ、少しずつ治安の安定が図られるようになったが、盗難問題には、地元の地理に精通する団員の活動は不可欠であった。大震災から2週間が過ぎた頃から、職場に復帰をする団員が増えはじめ、3月いっぱいで、組織的な活動を終了した消防団は多かったが、不審者は後を絶たなかった。

宮城県東松島市第10分団亀岡部では、「不審者がかなり出没している」ことが話題となり、早朝と夕方の二度にわたるパトロール、そして夜間は車中で警戒に当たった。震災から5日目の3月15日、小学校に避難していた人々が、約4㎞離れた中学校へ移動したため、無人状態と化した。団員の不審者対策は震災直後から8月3日まで150日間以上にわたり、小学校を拠点として継続された。

亀岡地区では、津波から難を免れた一部住民の安全確保と、「破壊されたとはいっても、長年住み慣れた自分の家が、他人に、土足で踏みにじられるのは耐え難い。不審者対策を徹底してほしい」という地域住民からの要請が、活動の継続を後押しした。

被災地における生活機能がマヒ状態に陥っていた時期、不審者対策にはいずれの分団や部でも苦慮した。沿岸部では現金決済の商取引は珍しいことではなく、現金を持ち合わせている家も少なくない。その現金を保管しているのが「金庫」であった。津波の翌日には、施錠を壊されたかなりの金庫が放置されていたという。さらに「財布やガソリンの抜き取り」、「指輪」、あるいはタイヤ、アルミホイールが主な盗難の対象となった。これらの行為は、個人単独で行われるケースもあったが、複数の人間が互いに連携し合って行われることもあった。

盗難に関する話題は増幅されて、短時間に拡散することが多い。不審者は単なる盗みという行為のみならず、「無人状態となった一帯を放火した例もあったらしい」という不確かなレベルの情報が、翌日には「放火された」となり、それが団員に持ち込まれることも少なくなかった。

不審者対策は、被害の大きかった沿岸部だけでなく、住民が一時避難した震度5弱以上を記録した内陸部においても、団員や自主防災会役員が中心となって、地域パトロールが行われた。不審者対応について、消防団員がどこまでかかわることができるかについては様々な問題を含んでいる。「お前たち（団員）に、俺たちを取り締まる権限があるのか」と言い捨てて、猛スピードで立ち去っていった見知らぬ者を何度か見かけた、と語る団員もいる。

第8章　災害時の対応は日常活動の延長線上にある

事例1　人的被害ゼロの町　岩手県洋野町

過去の津波の教訓が生きる

平成18年1月、旧種市村と旧大野村の合併で誕生した岩手県洋野町は、東日本大震災による人的被害ゼロの町である。旧種市村は明治の三陸大津波では死者186人、昭和8年には101人。なかでも、明治29年の大津波では、町の東南部に位置する八木集落は人口の49・8%、126名の犠牲者を出した（『津波―語りつぐツナミ―』）。このような過去の被害が、洋野町の津波災害の取り組みの原点ともなっている。

震災発生当時、種市分署長であった庭野和義氏（以下「庭野氏」）の机上には、管轄内の航空写真が広げられており、写真には、明治・昭和の三陸大津波による浸水地域がひと目でわかるように2色の蛍光ペンで色分けされていた。庭野氏は航空写真を見ながら、分団の下部組織の「部」単位の管轄エリアの地形、家屋の配置と道路の関係に目配りをすることを心がけてきた。写真を見ながら、防災上の課題を思いついたときは自ら現地に足を運び、地元住民から疑問点について話を聞くことをモットーとしている。

「地図は、我々に津波や土砂災害の起こりうる可能性を語りかけてくれますから」と、話す言葉のもつ意味は重い。

洋野町内にある津波供養塔は7基。昭和9年、小子内地区に建立された供養塔には、

地震があったら津波の用心
津波が来たら高い所へ
あぶない所に家を建てるな

という文字が刻まれている。

それを裏づけるように、道端で会った70代の女性に、東日本大震災の津波のときの行動を問いかけると「津波がきたときは逃げるが勝ちです」「避難所に着いたら、〝家に忘れてきたものを思い出さないことですよ〟」と話された。

自主防災会の総会あるいは防災訓練のときには、昭和8年の津波を体験された方々から、当時の様子について語ってもらうことが慣例となっている。また現八木郵便局付近に建立されている供養塔の前で、毎年、供養祭と防災訓練が実施されてきた。供養祭と防災訓練は平成17年までは曜日に関係なく3月3日（昭和8年の津波が襲来した日）に実施されていたが、参加者の減少が続いたことから、平成18年からは9月の日曜日に変更された。

その結果、平成19年614名、20年662名、21年750名、22年750名（『久慈広域行政事務組合久慈消防署種市分署資料』）と、参加者は増加している。

「地域全体の防災意識を高めるためには、できるだけ多くの人に参加してもらうことが大事なことですから」と庭野氏は話す。

過去の経験を語り継ぐことが、防災の基本という考え方がうかがえる。

水門閉鎖における新たな発想

洋野町内にある水門は全部で「26」。洋野町消防団は本部分団の他、14分団42部から構成されている。平成19年8月26日に実施された水門閉鎖訓練を機に、担当水門の再編成が実施された。水門の設置場所は、危険度が最も高く、できるだけ短時間で水門の閉鎖作業を完了しなければならない。そのためには、津波発生時に閉鎖する水門の数をできるだけ少なくしておくことが最善の方法である。洋野町では、常時、開放する必要のない水門は、必要なときを除いては閉鎖状態にしたこと、もうひとつは、非常時において、一つの部が閉鎖を担当する水門は1ヵ所だけに限定する、いわゆる「一部一門制」を取り入れた。

町内の水門のうち、3ヵ所の水門は規模が大きく、既に遠隔操作の設備が備えられている。結果的には、津波発生時には水門26ヵ所中、閉鎖しなければならない水門は、基本的には「9」に限られるため、一部一門制を前提とすれば、「9部」で賄うことが可能である。

水門の閉鎖訓練において、一水門の閉鎖に要した時間は12分前後であった。これまで、複数の水門の閉鎖を任せられていた部は、30分以上を要していたことに比べると、時間は大幅に短縮された。

東日本大震災のときも、水門閉鎖に要した時間は訓練のときと変わらなかった。また、これまでの水門閉鎖訓練では、閉鎖作業の終了後、水門付近でたばこを吸ったり、あるいは談笑する団員も見受けられ、緊張感に欠けるという指摘があった。

一部一門制を採用したのを機に、洋野町消防団長の明戸氏や庭野氏が、「一部一門制のねらいは、時間の短縮を図ることです。それは団員みなさんの命を救うことにも直結します。そのためには、これまで以上に緊張感をもって訓練に参加してほしい」と強い口調で話したという。これまでの訓練は、訓練のための訓練という傾向が否めなかったことを反省し、訓練は実践と同じ意識の浸透を図るねらいがあった。

平成17年9月、県の指導により「地域の安全・安心促進基本計画（津波）―岩手県九戸郡種市町―」が作成された。この計画は、ハード面のみならず、ソフト面においても細部にわたり住民が対応すべき内容となっている。これをベースに、町民参加によるワークショップによる問題点の洗い出しが行われ、防災意識の向上が図られてきた。現町長は早くから、地域防災の中核に消防団を位置づけ、役場職員に対しても、地域の実情を知るためには、率先して団員になることを勧めてきた。

「命があれば、すべてのものを失っても必ず取り返すことができる」という考え方にもとづき、「津波がきたときは、早く逃げること」が、町長の決まり文句でもある。

一方、明戸団長は「法被を着ている間は、津波解除命令が出るまでは緊張状態を持ち続けること」と訓示し、併せて「屯所（＝詰め所）は団員にとっては活動拠点であり、常日頃から、整理・整頓を心掛けてほしい」と、団員としての心構えを話す。

さらに注目すべきことは、昭和48年度に発足した婦人消防協力隊の存在である。婦人消防協力隊は洋野町14分団それぞれに組織されている。非常時には地区住民の炊き出しや毛布などの配布、通常は防火思想の普及や火気取り扱いの指導を行っている。分団と一体化した行動を基本としており、地元の人々は、消防団とはコインの裏表のような関係ととらえている。

東日本大震災当日夜／洋野町八木北地区

垂直移動論の展開

（図-5）は、洋野町における災害発生時の消防団の行動のあり方を図にしたものである。この図は、縦軸は高度、横軸は活動に要する時間を表している。ここでは、団員活動は、災害発生の時間の経過とともに①→②→③と移動し、それぞれの段階であらかじめ定められた役割を担う。このような低→高への移動を「垂直移動」と呼び、安全性の確保に配慮した行動形態である。

それぞれの段階で、どのような活動が行われるかを概観する。

図-5　垂直的対応

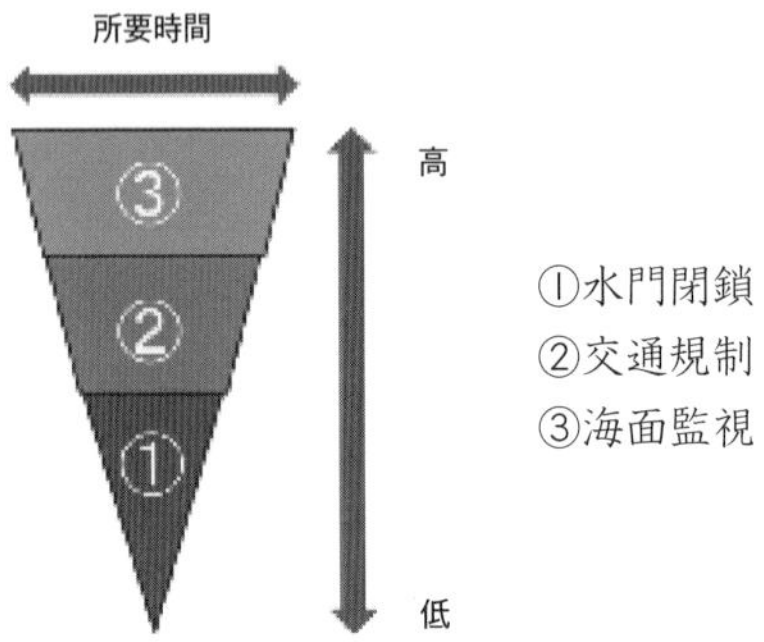

①水門の閉鎖活動・避難誘導　水門閉鎖は、②、③段階と比べて、海岸に最も近いため、危険度は高い。洋野町では平成19年から一部一門制を採用し、できるだけ危険な場所にとどまる時間の短縮を図っていることは前述のとおりである。

また、「津波が発生したときは、逃げること」、「避難広報活動は浸水予想地域では行わないこと」の二点を申し合わせている。住民は消防団員や消防署員、自主防災会の役員とともにワークショップや学習会を積み重ねているので、消防団員が時間の経過とともに、その場を離れることに抵抗感はない。

②交通規制　町の主要な道路としては、海岸線に沿って走る県道、それと並行して県道より10mほど高い場所を国道45号が走る。県道や国道には、西から東（海岸線方向）に複数の町道が延びている。町道の交通規制を行うことで、最も海岸線に近いところを走る県道の交通量は大幅に減少する。「津波が発生すると、船を固定させるため、ちょっと

の時間だけでも海岸に行きたい」という住民に対しても、断固として拒否する姿勢を貫いている。東日本大震災においても、封鎖中の団員との間で押し問答はあったが、結局は団員の説得に応じたという。津波は一度限りではなく何度も襲ってくるし、高さの予測も難しい。どんな理由があっても、海岸に近づかせないことを基本としている。非常時の交通規制や停車の具体的な方法については、所轄の警察署の指導を受けている。

交通規制の時間については、各部の部長の判断に委ねている。その後、団員は次の段階（③）に移る。その間に、それぞれの「部」から災害対策本部に対して、交通規制の状況（実行中・終了）を報告することが義務づけられている。

③警戒拠点の設定　津波の襲来が団員の視界に入る前に、警戒拠点（③）に移動する。警戒拠点の選定には、津波の高さや方向を十分に把握できる場所を事前にそれぞれの部で設定している。場所の選定は、地元の地理に精通した分団員の判断が優先される。そして津波の状況は逐次、地区住民が集合している避難場所に連絡されるシステムが確立し

ている。このような警戒態勢は、津波注意報が解除されるまで継続される。

岩手県洋野町の実践事例は、地形の関係上、他市町村にそのままあてはまるものではない。とはいえ、次の三点について、それぞれの地域の実状に即して検討することは、防災上、重要な示唆を与えることは間違いない。

第一は、津波発生時における行動基本は垂直移動であること。この垂直移動を平面上に並べ替えたのが、「10分ルール」「15分ルール」である。

第二は、災害発生時に想定される様々な場面における行動については、事前の個別訓練（交通指導など）、気象や津波のメカニズムの学習が重要である。

第三は、家屋や道路の配置状況は常に変化するため、それらの情報に関しては、団員、消防署、行政、自主防災組織、婦人消防協力隊などが共有できるように、横の連携が図られている。そのためには、組織の垣根をできるだけ低くしておくこと。

洋野町の東日本大震災における「人的被害ゼロ」は、津波に対する過去の教訓を住民が受け継いでいたからである。そのために消防署、消防団、婦人消防協力隊、行政、自主防災組織が一体となって取り組んでおり、それを通じて町民の防災意識が醸成されていることを改めて感じる。

事例2　消防団と自主防災組織の連携　宮城県東松島市第10分団東名部

消防団と自主防災組織の連携の経緯

宮城県東松島市は仙台市の北東部、およそ30㎞の地点に位置する。東名地区は石巻湾と松島湾に面し、風光明媚な海岸線を形成している。平成24年3月15日現在、東日本大震災による犠牲者は182名、行方不明者5名である。他地区同様、多くは津波被害であった。

東松島第10分団東名部と地区防災会は、長年にわたって地区防災訓練をはじめ地区の行事の警備などにおいて共同で対応し、両者は緊密な関係を築いてきた。東日本大震災の発生以降、両者の関係のかかわりについて概観する。

第1期　仮詰め所の設置と地区防災会との連携

震災後、第10分団東名部の櫻井清一分団長（以下「分団長」）と東名地区の斎藤壽朗防災会長（以下「防災会長」）が初めて言葉を交わしたのは震災翌日の夕方であった。そのとき、分団長は部の詰め所が流出したので仮詰め所の設置の必要性を話した。津波により家屋のほとんどが流失したことに加えて、海抜０ｍ地帯の新場や元場の２行政区では、海水がほとんど引かないため、集落内に足を踏み入れることができなかった。しかし、外部から不審者の侵入も予想され、防災上、新場と元場地区への出入りを制限する必要があるため、やや高台を

仮詰め所／東松島市第10分団東名部

走る県道奥松島松島公園線と新場、元場へ延びる市道の交差点付近にある公有地の一角に、地区防災会の保管倉庫で唯一残ったビニールシートを借用し、約17㎡の広さの仮詰め所を設置した。

震災翌日の早朝から不審者が侵入し、財布やガソリンの抜き取り、さらにはアルミホイール、金庫の盗難が頻発した。仮詰め所を設置する主たる目的は、治安の安定を図ることに加えて、東名部の組織的行動を始動させる活動拠点を確保することであった。仮詰め所ができたことにより、団員相互の意思疎通が図られるとともに、行方不明者に関する情報も集まるようになった。

仮詰め所付近には、津波の被害が比較的軽微ですんだ斎藤（邦）団員宅があり、電話やファックスを借用できたことにより、市災害対策本部や消防団本部への連絡もスムーズとなり、東名地区の孤立状況が徐々に解消されていった。

3月11日、津波から避難するため、海岸線から1㎞ほど離れた長石神社に避難していた地区住民およそ150名が、翌日には被害の少なかった周辺の地区センターや寺院に移動した。新たな避難所の選定にあたっては、行政を頼ることはできないので、防災会長を中心として次々と心当たりのところに連絡し、避難所の確保に努めた。特に防災会長は旧鳴瀬町時代に役場の要職を務めていたこともあり、地区内はもとより周辺の事情に精通し、また多くの人脈ルートを持っていたことが有効に機能した。

大震災当初、地区住民は10ヵ所以上の避難所に分散していたため、住民の安否確認は困難をきわめた。このような状況はどの被災地にもみられ、それぞれの地区では様々な手段を講じて地区住民の安否確認にあたった。東名部では、防災会長が被災2日目から朝6時前に避難している親戚宅を出て、全ての避難所の巡回活動を実施した。斉藤さんは自主防災会の会長であった関係上、「このような未曾有の災害に遭遇したときこそ、地区防災会は機能しなければならない」という強い思い入れがあった。

3人の防災会副会長（区長兼任）はそれぞれの避難所の責任者として、人や物の動きを防災会長に逐一報告した。自衛隊や団員による行方不明者の捜索活動が本格化する3月15、16日頃、東名部団員は若い年齢層が多いこともあり、分団長から防災会長に対して「我々、若い者には判別できないご遺体も多く見つかっているので、できればご遺体の確認に立ち会ってほしい」旨の申し入れが行われた。それを機に、防災会長と3名の副会長が交代でその任に当たることになった。仮詰め所ができたことに伴い、行方不明者の家族や親戚から、行方不明者の身長、体重などの身体的特徴や着衣に関する情報が寄せられるようになり、その情報は仮詰め所内に貼り出された。こうした動きを通じて、地区防災会と分団の情報の一元化が図られた。

第2期　行方不明者の確認と消防団活動の継続

4月に入り、行方不明者の捜索活動と並行して、がれきの撤去作業が本格化し、新場、元場地区へ自衛隊の大型車両の出入りが多くなった。自衛隊の車両が両地区に入るためには、仮詰め所付近で右折か左折をしなければならず、道路幅を広げる必要があった。市災害対策本部より仮詰め所の移動を検討してほしい旨の要請があり、仮詰め所はこれまでより30mほど内陸に入った斉藤（邦）団員宅の敷地内に移動することになった。その場所は比較的高台に位置し、5、6台の駐車スペースが確保できた。この時期、連日、行方不明者の捜索活動をしている自衛隊から「行方不明の方が発見されました。身元確認のために立ち会ってください」という連絡が入ると、分団長、防災会長、そして居合わせた団員数名が立ち会った。

市の災害対策本部からは、「団員は3月31日をもって、自宅待機」との指令が出されたが、遺体の身元確認作業のため特定の時間には常時、数人の団員が顔をそろえた。そして他分団の動き、知り合いの動向、職場の状況などについての情報交換も行われた。防災会長はこれまでと変わらず決まった時間に避難所の巡回活動を継続するとともに、仮詰め所にも顔を出す毎日であった。避難所から親戚宅や別の避難所に移動する人も増えはじめ、避難所の収容人員に生じたアンバランスの調整、さらには在宅避難者からは支援物資の配給に対する不満の声も聞かれたので、市当局と話し合いをもつこともあった。さらに仮設住宅に関する新聞報道が行われはじめたことから、避難している人々から、入居の意向を聞くこともあった。防災会長は避難者の動向把握を最優先課題とし、避難者が他所に移動する際は避難所の責任者に連絡を徹底するようにお願いした。このようにして得た情報は仮詰め所に持ち帰り、分団長や副会長と一緒に、住民名簿との照合作業を1日1回は「定例会」として開いた。

一方、分団長は、午後5時過ぎに毎日開催される市の災害対策本部に出かけ、その場で伝達された内容を分団員に対して携帯電話で連絡した。市内では、職場との関係から活動を3月いっぱいで打ち切った分団もあったが、防災会長と分団長は「なんとか行方不明者全員を見つけ出したい」という共通の思いがあり、班長以上と出動可能な団員に対しては活動の継続を要請した。大震災の発生から1ヵ月が経過すると、東名地区の行方不明者が必ずしも地区内で発見されるとは限らず、遺体の収容が広範囲にわたって行われるケースも生じた。「身元不明者が遺体安置所に運ばれた」という連絡が入ると、分団長と居合わせた団員は車で遺体安置所に出向き、確認作業に立ち会った。しかし、遺体だけでは特定することが不可能なことも多くなり、DNA鑑定に回されるケースも多くなった。

4月末、組織的なボランティア活動として、大阪を本拠地とし、全国にネットワークをもつ「アウトドア義援隊」が継続的な活動を始めた。防災会長のもとにはボランティア活動に関する問い合わせ、あるいは、比較的高台に位置し被害が軽微ですんだ新東名地区住民が自宅で生活を始めるようになり、ライフラインの整備や街灯の設置の要請も増えた。仮詰め所への住民の出入りが多くなったこともあり、大きなボードに張りつけた地区内の地図上に、居住状況を色別し、身元確認に訪れる人が一見してわかるような工夫もした。

防災会長の携帯電話の登録者数は日に日に増えていった。それは、その後の市の動向や地区内の住民の動きの問い合わせがあった際、信用できる情報として活用された。分団は、震災前には月3回、定時に行っていた地域内巡回活動が休止されていること、また火事の発生に不安を感じており、できるだけ早くポンプ車の提供を市に申し出た。

第3期　新しい街づくりの始動と増加する来訪者

5月に入り、斉藤（邦）団員宅の向かい側のがれきがほとんど撤去され、広いスペースが確保できたので仮詰め所を移動した。この頃になると、避難所から自宅に戻って後片づけや状況確認のために東名地区を訪れる住民は増加した。住民が仮詰め所に立ち寄った際、防災会長や分団長が把握していなかった情報や、避難所生活の問題点について話していくことも多かった。

私が仮詰め所を訪ねた5月中旬頃、70代と思われる女性が、防災会長に向かって「ここにくる前は、今、会長さんに話したことを口にする気はなかったけれども、いろいろな話をしている間に、震災後、思い続けていたことを話す気になった」と涙ぐんでいたことが思い出される。

震災から100日目が近づいてきた頃、分団長、部長、班長の間では「いつの時点で、仮詰め所の活動に区切りをつけるのか」ということが話題になりはじめた。この頃、地区内でタイヤの燃えるボヤ騒ぎがあり、市に対して、代替ポンプ車の提供をできるだけ早くお願いしたい旨の要望を再度行った。さらに、行方不明者の家族から要望されていた東名運河の大がかりな捜索活動が自衛隊によって行われ、団員は交通整理や運河の状況説明などの協力を行った。また護岸の破壊と地盤沈下により冠水地域が広範囲に及び、がれきの運搬作業に支障をきたすことから、分団長と防災会長は早急に仮設道路の建設を市当局に要望した。

この時期、避難所から仮設住宅へ移動する人も増えはじめた。仮設住宅の移動は地域住民の居住地の分散をもたらすことは当然であり、今後の地区住民の街づくり計画の意向を把握するうえで問題も発生しかねなかった。そのため防災会長と３人の副会長、役員が中心となり、住民動向の把握に努めた。その頃には、防災会長の携帯電話には４００人を超える住民の連絡先が登録されていた。また「野蒜地区」12行政区長連名で、市当局に対して将来の野蒜地区の街づくりに対する「要望書」を提出し、他地区に先んじて将来の地区全体の意向をまとめ、市当局に提示することができたことは、住民意向を充分に把握していたからでもあった。５月末、津波によって壊滅的な被害を受け、ほとんど手つかずの状態になっていたＪＲ仙石線・東名駅にＪＲ関係者が現況調査のために訪れることもあり、またがれきの撤去や護岸の破壊状況の確認のため市役所の関係部署の職員が直接足を運ぶ機会も多くなった。

団員の多くは職場に復帰しはじめたが、仕事現場が仮詰め所の近くにある団員は、昼休みの時間帯にしばしば顔を出し、仮詰め所で食事をとりながら、防災会長や居合わせた住民と会話をして時間を過ごした。震災の発生から100日目を迎えたこの時期、県外の薬の訪販員、生命保険会社や工事関係者が、住民の居所を訪ねてくることもあった。市では個人情報保護法の関係上、仮設住宅の居所は教えることはなかったので、このような人が仮詰め所に足を運ぶこともあった。防災会長は、「あそこに行ってみればわかるかもしれないですよ」と婉曲な言い回しで回答した。

分団活動は縮小され、防災会長が対応する場面が多くなった。「東名区防災会長」という呼称は、地区内4行政区で組織される地区防災会の代表者を意味しており、この時期の対応内容からも、「区長」と呼んだ方が時宜に適合するように感じた。その点を、防災会長に尋ねると、「現在、対応している問題はすべて未曾有の大震災によって発生したものであり、私は防災会長という自覚をもって対処しています」。続けて、こうも話された。「大震災の状況下にあっては、通常の行政区長の役割とは明らかに異なる状況が生まれています。そのような災害に対応する組織として地区防災会が誕生したのであり、立場上、ここで投げ出すわけにはいきません」と。

分団長は隣町の松島町にアパートを借りており、仕事に向かう途中、毎日のように立ち寄り、仮詰め所の鍵を開けた。それから間もなく、防災会長や副会長がきて、午後5時まで詰め所での対応が常態化した。

第4期　東名地区センターの設置と総合支所的機能

6月10日、区長と分団長は市に対して、「テントの仮詰め所ではこれからの台風シーズンの時期には危険であり、プレハブの設置をお願いしたい」と要望し、仮詰め所のすぐ側にプレハブの「東名地区センター」が設置された。それに伴い、東名部の仮詰め所も同居することになった。これまでの「仮詰め所」は、その名の示すように東名部という消防団の居住空間に東名区防災会が同居する形をとっていたが、「東名地区センター」という名称自体が、防災会の機能がより重点的に行われることを示すものであった。防災会の提案により、入り口には「東名部詰め所」という紙も貼られた。東名部と自主防災会の関係は、名称が変わっただけで、これまでとなんら変わることがなかった。

防災会副会長として、3名の行政区長が名を連ねている。そのうち2名は、仕事や隣町の仮設住宅に入居したことから、毎日、東名地区センターに顔を出すのは防災会長と木島副会長の二人であった。東名地区センターには自宅の後片

東名地区プレハブの地区センター

づけや様子を見にきた住民が立ち寄り、東松島市が毎月2回発行している市報「ひがしまつしま」を持ち帰った。住民にとって、将来の生活設計を考えるうえでは、市当局が策定中の復興基本計画の進捗状況は関心事であった。その概要の一部が地元新聞で報道された数日間は、内容の細部にわたって尋ねてきた人はかなりの数にのぼった。「高台移転」が報じられたこともあり、移転先は現居住地に近い丘陵地なのか、あるいは土地の買収価格はどの程度か、ということが関心の的であった。この頃、東名地区センター内には、地区内の動きが一目でわかるように、月間行事が書きこまれた黒板も備えつけられた。

家屋の取り壊しが本格化しはじめた6月中旬頃、この地域で、長年慣習として行われてきた屋敷移転に伴う「埋井祭」、「屋祓い」、さらに仏事を取り仕切る六親講による合同供養祭などが関係者および区長の立会いのもとで行われた。6月17日に行われた「埋井祭」は、先陣を切るもので、いわば日常性を取り戻すきっかけの行事として位置づけられた。

震災後100日という節目の時期に、「なんとしても実施したい。ひとつの区切りをつけたい」という地区住民の強い思いの表れでもあった。「埋井祭」の当日は、震災以降、地元を離れて生活している住民も多く、旧交を温める姿が見られた。これらの行事の実施にあたっては、開始時刻、祈祷料、実施場所などの問い合わせには、防災会長と木島副会長が対応する一方、東名部は、交通整理、駐車場係、テントの設営などを担当した。これらの行事の実施を通じて、防災会の緻密な計画性、とりわけ地域住民に対してほとんど遺漏のない対応は、地区住民に防災会の存在をより強く認識させ、「ここは、我々東名地区の総合支所」という声さえ聞かれるようになった。地道に積み重ねてきた情報は、単なる安否確認のレベルにとどまるものではなく、様々な会話を通じて形成された地区防災会に対する信頼の証しでもあった。

7月、日本消防協会を通じて山形県寒河江市からポンプ車の寄贈、その翌日には震災後、初めての東名部の分団会議も開催され、東名部は新たなスタートラインに着いた。「これまでは詰め所に足を運ぶと、いつでも見ることができたポンプ車が手元にないことは、本当に心細かった」と分団長は話された。そのポンプ車は、東名地区センターの建物の横に置かれた。

第5期　東名地区センターの機能拡大

家屋の解体作業が始まり、家屋所有者の意思確認が必要となった。東名地区から離れて住んでいる住民は、防災会長か木島副会長を介して、意思表示を行うことが多かった。また、本来であれば、市役所の窓口に足を運び、本人自らが行わなければならない医療費の免除手続き、さらには所有者不明の船の処理なども、斎藤会長や木島副会長に相談することがあった。特に高齢者にとって、地区センターの存在は、生活再建にとって心強い存在であった。

7月以降、早くからボランティア活動を行っていたアウトドア義援隊に加えて、個人あるいは団体ボランティアの活動が活発化し、活動場所への案内や、住民からはボランティアを依頼する際の申し込み方法の問い合わせが続いた。

7月26日、東松島市と災害時相互応援協定を締結している東京都大田区被災地支援ボランティアの責任者が来訪し、今後のボランティア活動と、月1回の「ランチ交流会」の件についての話し合いがもたれた。大田区のランチ交流会は、仮設住宅に入居している住民、とりわけ高齢者は、外部との交流が途絶えがちとなり、孤立状態におかれることも考えられるので、月1回はかつての近所の仲間との出会いの場を設定しようというねらいがあった。その趣旨を地区住民に浸透させ、できるだけ

東松島市第10分団東名部の
仮詰め所の移動経過

多くの参加者をつのるため、防災会長や副会長は地区センターへきた住民に、パンフレットを配布しながら、その趣旨について説明した。ランチ交流会は回を重ねるにつれ、大田区の意図が浸透していった。

この時期、新聞、テレビ局、さらには大学関係者が取材や調査研究のために訪れる機会も多くなった。取材対象のエリアや特定の人の紹介要請、さらには防災会長や副会長に対する直接的取材は、7月末から1ヵ月の間だけでも30回を超えた。あるメディア関係者から、「東名地区の防災会長や副会長からのお話をうかがうと、『何々であったろう』と言うことはほとんどなく、『である』、『であった』という回答であり、疑問をさしはさむ余地はまったくなかった」ということを耳にした。

防災会長は「行方不明者全員を見つけるまでは地区センターを閉じるわけにはいかないのではないか。行方不明の人たちとは長い間、この場所で生活を共にしてきたのだから」

というのが口癖でもある。

第10分団東名部は、早くから自主防災組織との連携を築き、時間の経過とともに生起する問題に共同で対応してきた。両者の対応のあり方を通じて得たものは、これからの新たな地域（街）づくりに大きな力となることは間違いない。大震災から3ヵ月が過ぎ、他地区の住民が東名地区の仮詰め所に立ち寄り、「こんな場がほしい」とぽつりとつぶやいた言葉の意味が、なんとなくわかるような気がした。

終章　新たな巨大地震に立ち向かうために

消防団像の新たなデザイン

近い将来、南海トラフ巨大地震や首都直下地震の発生が予想されている。平成25年5月、中央防災会議防災対策推進検討会議における「南海トラフ巨大地震対策検討ワーキンググループ」からの最終報告書が公表され、人的・物的被害は東日本大震災をはるかに上回ると想定されている。それらの巨大災害への対応が急務の課題となっており、今日ほど消防団のあり方が問われていることはない。平成25年12月13日には、「消防団を中核とした地域防災力の充実強化に関する法律」（略称「消防団支援法」）が公布及び施行され、地域防災の核として消防団が位置づけられたことは、消防団の重要性がより増したことを意味する。それは、消防団が新たな位置づけに即応する体制を整えることを期待されるのは当然である。

これからの消防団のあり方について、東日本大震災の教訓をふまえ、私の具体的な提言を以下に記したい。

退避行動は地域全体の安全・安心にかかわる問題

東日本大震災以前にあっては、多くの団員は自分の身の危険を感じたとき、その場を離れて安全な場所を確保する、いわゆる退避行動という考え方はあまりにも希薄であった。消防団員が住民より早く危険な場所を離れることは、あるまじき行為として住民に受け止められてきたことは否定できない。震災後、団員から、地震発生から津波到達までのおよそ30分～1時間内の退避行動について、話をうかがう機会があった。団員の口からは、「これまで一度も、『退避行動』という言葉を聞いたことがない」という回答が多かった。さらに、これまでは様々な会議で、「我々の身の安全確保」という言葉を口に出すことにはためらいすら覚えたとも話している。

東日本大震災以前、大津波に襲われてきた三陸沿岸に位置する自治体で、「10分ルール」、「15分ルール」といった、団員の避難行動のマニュアルを定めていたのは、きわめて限られた一部の消防団しかなかった。

消防庁が平成24年8月にまとめた「東日本大震災を踏まえた大規模災害時における消防団活動のあり方等に関する報告書」において、退避行動のルールが明記された。このルールが有効に機能するためには、「消防団員のみならず、地域住民にも退避ルールの内容が周知徹底されること」が前提条件である。

大震災後においても、「団員がいち早くその場を去ることは問題である。職務怠慢ではないか」という声も聞こえてくるし、「いざとなれば、団員が何とか手助けをしてくれる」という思いが、地域住民にあることは否定できない。そのためには、地域住民に対しても、退避行動ルールの周知徹底を図ることは必要不可欠である。退避行動ルールは、災害時の住民にとって、これまでとは異なる消防団活動の基本を示している。今回の大震災においては、「顔見知り」という関係が、団員の退避行動を躊躇させたことは、多くの団員の証言から明らかである。「自分の身の安全性の確保」という点においては、地域住民と消防団員は同じ立場にあることを事前に確認し合うことで、地域住民と団員間との共通ルールとして定着することは間違いない。神奈川県湯河原町が策定した「消防団震災対応マニュアル」では、沿岸部の分団は、地域住民に避難を呼びかけることを最優先とし、逃げることの大切さを地域住民に知らせるための「率先避難団員」、浜松市でも、同様の趣旨の「避難支援団員」を新たに設けた。

年額報酬と出動手当は団員個人に帰属

消防団員には、年間、年額報酬と出動手当の二つが支給される。その金額については各自治体によって異なる。国の地方交付税の算定単価は、年額報酬は一般団員36、500円、出動手当は1回当たり7、000円である。しかしながら、多くの自治体では国の算定単価を下回っている。各自治体は、それに近づけるために努力すべきである。

年額報酬と出動手当の支給方法については、長年にわたり、ほとんどの市町村では、分団、あるいは部や班に一括して支給し、会計係か特定の団員によって管理されてきたという経緯がある。消防団歴20年以上の団員の話によれば、「年額報酬や出動手当が個人に支払われたことは、長い団員生活において一度もない」。さらに続けて「そのようなお金は、分団や部、班に属するもので、個人が受け取るべきものではない、とさえ思っていた」。

このように考える団員は少なくない。

年額報酬と出動手当は団員個人に支払われるべきものである。ところが、かつては、通帳の回覧だけですませることもあったが、最近は、会計報告は印刷物によって行われることが多い。とはいえ、剰余金が発生しても、次年度に繰り越されるのが通例である。だが、そのようなやり方は問題を含んでいる。特定の団員の意向が強く反映され、私物化されるような傾向すらあるからだ。毎年のように不明瞭な会計処理として、メディアで取り上げられるケースが後を絶たないことからも、この種の問題については根本的な是正が求められる。

年額報酬と出動手当は団員個人に帰属している関係からしても、個人口座に振り込まれてしかるべきである。「団員から集めたお金で、慰安旅行、あるいは出初式、各種の行事後の飲食代、さらには詰め所で使用する文具類の需用費に供している。それが分団や部のまとまりの潤滑油となっている」という説明が、長年にわたってなされ、それが説得力をもっていた。しかし、最近では、分団や部の一括管理から個人口座へ振り込む方式に変えた自治体では、長時間にわたる議論の末、変更が行われている。

その結果、個人口座への振り込み方式に変えることによって問題は生じていないし、徐々に増える傾向にある。消防団の金銭の流れの透明性の確保は、消防団組織の透明性ともリンクしている。

演習訓練は災害対応訓練が中心

消防団の活動にあっては、長年にわたって最も高い割合を示しているのが、第4章でふれたように「演習訓練」である。演習訓練の主なものとしては、出初式、春・秋の演習があげられる。出初式は年が改まった区切りを示す国民的な行事として定着している。春・秋の演習は各消防団によって違いはあるが、表彰状の伝達と市町村長や議員の挨拶が中心である。

東日本大震災からうかがえるように、災害発生時、消防団活動は多様に展開された。なかでも交通整理や不審者への対応は長期間に及んだ。だが、道路に車があふれ、運転手はできるだけ早く、遠方に避難しようとして、強引な割り込みによって、交通渋滞にいっそう拍車がかかったことは各地域で見られた。交通整理をするうえで、消防団が対応できる具体的内容に関して、事前の周知徹底を図らなければならない。交通整理のみならず、想定される問題点について、事前に演習訓練に取り入れ、実践に即した活動内容とすべきであるという意見は、若い団員を中心に多い。

団員の7割がサラリーマン、また核家族化が進む現在、団員にとっては消防団活動と家庭生活の板挟みになっているケースは多い。形式重視の従来型の演習のあり方は見直されるべきである。

また、都市部、農村部を問わず、大規模災害時には、消防団の消火活動は不可欠である。

東日本大震災では、火災の発生は13都道県、330件であった（「平成23年東北地方太平洋沖地震（第149報）／平成26年3月7日」）。阪神・淡路大震災に見られたような同時多発の火災の発生にはいたらなかったが、全体の焼失面積ははるかに上回る。家屋の密集状況、発生時刻、気象条件によって、その様相は大きく変わる。高知県香南市が平成23年7月に策定した「香南市　震災対応マニュアル」の消防団活動（4）では、同時多発火災における活動の原則、（5）で、火災現場活動について詳細な記述がなされているのは、南海トラフ巨大地震による同時多発火災を想定している。また、首都直下地震の想定される東京都23区内では、数年前から、消防団の消火活動の技術向上を図るため、消火訓練に力を入れている。「平成25年度特別区消防団の活動指針」のⅢの項では、「防火防災指導の推進」が取り上げられている。

常備消防の充実した東京都でさえも、大地震に伴う同時火災の発生の際には、常備消防の限界が認識され、延焼拡大を防ぐためには、消防団の力を最大限に発揮することが必要不可欠と考えられている。具体的には「可搬ポンプ積載車、手引動力ポンプを有効に活用した積極的な水利部署及びホース延長による消火活動の実施」、「消防署隊と連携し、ポンプ隊からのホース延長による積極的な消火活動やポンプ隊の積載資機材のうち消防団が使用可能な資機材等を活用した活動の実施」が指摘されている。

この点に関して、研究者の立場から、関沢愛・東京理科大学大学院教授は「概ね火災一件当たり一台以上の消防ポンプ車数があれば、同時多発火災であっても消防力で抑制可能である」(「東日本大震災における地震火災の全体様相と注目すべき特徴」)と指摘する。

地域防災訓練は安否確認・避難誘導訓練が重要

これまでの地域防災訓練は、消防署員や消防団員から消火器やAEDの使用方法の説明、バケツリレーといったことが定番だった。避難行動については、「あえて訓練で取り上げなくても何とかなる」という考え方が支配的で、災害時には、お互いに「声がけをしましょう」という程度にとどまっていた。東日本大震災では、「まだ隣の人は避難していないから大丈夫」という横並びの安心感が災いして犠牲となった人は多い。南海トラフ巨大地震においては、津波の到達は東日本大震災よりはかなり早いと想定されている。短時間内に、隣近所や団員を中心とした「声がけ」の徹底を普段から心がけておくべきである。

何はさておいても、所定の安全な場所に一刻も早く避難しなければならない。防災訓練は、地域の実情に応じた行動の確認の機会ととらえるべきである。安全な場所の確認、避難ルートにおける障害物の存在について、団員は行政区長、地域防災組織の役員と普段から連絡を密にしておかなければならない。

震災後、三重県では、住民個々の防災意識を高め、より早く地域住民が安全な場所に避難するために、個々人が主体的に取り組む「Ｍｙまっぷラン」、高知県黒潮町では「犠牲者ゼロ」をスローガンとし、「戸別避難カルテ」の作成や「防災となり組」の組織化が図られている。

また地域防災訓練の実施にあたっては、消防団、自主防災組織を中心として、できるだけ多くの地域住民、とりわけ小学生や中学生の参加を図るべきである。そのためには、学校行事との整合性の必要がある。三重県いなべ市では、市議会が中心となって作成した「いなべ市みんなで支え合う災害対策基本条例」は、小学生高学年から中学生も理解できる内容として文言化されており、参加を促す動機づけになることは間違いない。滋賀県防災危機管理局では「地域で育む防災・防犯　しがっこガイド」が作成され、小学生の各学年に応じた防火・防災教育がプログラム化されている。

消防団と自主防災組織の連携

平成8年4月1日現在の自主防災組織の組織率は全国で47・9%であったのに対して、平成24年には77・4%と大幅に増加した。これは、地域防災における自主防災組織の有効性が評価されたことと関係する。

自主防災組織と消防分団のメンバーの多くは「顔見知り」の関係であり、両者の協力体制の構築はそれほど難しいことではないと考えられがちである。しかしながら、これまでは、それぞれの組織のベースとなっている法的根拠の違いが強調されるあまり、両者の連携は限定的レベルにとどまっていた。

だが、平成17年、改正された「消防力の整備指針」の第38条の消防団の具体的業務として、「自主防災組織に対する協力、支援」項目が追加された。その結果、自主防災組織の防火訓練の指導、あるいは自主防災組織上、役割分担として「土木係」、「訓練係」として位置づけられるケースが増加しつつある。この改正を契機として両者の日常的関係には、これまでとは異なる状況が生まれている。

3・11では、多くの被災地において、避難所内の運営は自主防災組織、警備対応は分団がそれぞれ分担する、協働体制ができあがったところが多かった。この点に関しては、本文で取り上げた宮城県東松島市東名地区や岩手県洋野町八木地区は典型的な事例である。東名地区や八木地区のように、日常活動を通じて、両者が互いの組織実態を理解することにより、効果的な対応が可能となる。まさに両者は経糸《たていと》と緯糸《よこいと》の関係である。

消防団の相互応援協定の締結促進

東日本大震災は広範囲にわたって甚大な被害をもたらした。今回の大震災においては、自治体の異なる消防団間の連携はスムーズに行われなかった。この点、常備消防の行動とは異なる。震災直後にあっては、自治体間において、消防団の相互応援協定が結ばれていないケースでは、他市町村の消防団から援助活動の申し入れがあったとしても、受け入れ態勢が整わないことがネックとなり、援助の申し入れを断らざるを得なかった例が少なくなかった。都道府県レベルにおいては、すべての消防団を網羅した相互応援協定の締結はそれほど難しいことではない。ある団員は、「とにかく法被を着て、我々仲間の団員の手助けをしたい。しかし、東日本大震災で大きな被害を受けた地域と隣り合っている消防団であっても、手助けできないもどかしさを感じていた」と話す。自治体の垣根があっても、消防団員の仲間意識は強い。協力したいと思いつつも、協定が結ばれていないというだけで、消防団活動に携われないということは、あまりにも形式にとらわれすぎている。

消防団員の減少は続いていても、常備消防をはるかに上回る人員を要している。災害緊急時に、それを活かさないのは人的資源の無駄である。

都道府県内にあるすべての消防団間で、相互応援協定の早急な締結が求められる。

「K・A・R」理論の展開

現在、消防団を取り巻く状況は厳しい。それを打破するための特効薬はないが災害時に消防団活動の必要性は多くの人が認めるところである。その問題解決のための一つの方法を提示したい。それを「K・A・R（ケー・エー・アール）」理論と呼ぶことにする。

それを図式化したのが（図-6）である。消防団員を取り巻いている、「K」（関係性の円滑化）、「A」（安全性の確保）、「R」（連携性の保持）は、お互いにに関連し合っている。

「K」、「A」、「R」、それぞれが消防団活動にとってどのよう

（図-6） K・A・R理論

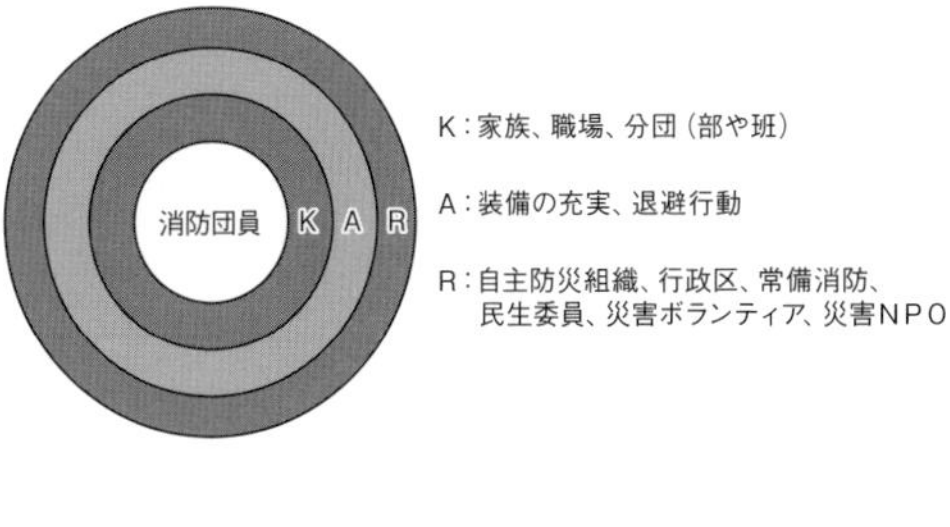

な意味をもち、どうあるべきかについて記述したい。

「K」は、家族、職場、分団（部や班を含めた活動単位）が主な構成要素である。

家族、職場の理解が消防団活動の前提であり、それらとの関係が不安定であると、消防団活動の継続は難しい。

団員は各家の中心的存在であることが多い。消防団活動は、時刻、曜日を問わず災害発生時の出動はもちろんのこと、様々な日常活動に参加することが求められる。これまでは、団員の活動の厳しさは様々な場面で指摘されてきたが、家族について取り上げられることはほとんどなかった。家族が消防団活動をどのように考え、どのような点を改善する必要性があるか、団員と最も身近な存在である家族から、悩みなどの問題点や提言を聞く場の設定、アンケート調査の実施、などにより、新たな視点からの問題点が浮かび上がってくると考えられる。

団員のサラリーマン化率が7割を超えている今日では、団員の遠距離通勤も増える傾向にある。消防団活動の職場環境づくりの一環として、消防団協力事業所表示制度が設けられているが、企業の消防団活動に対する理解はまだまだ不十分である。企業は地域社会の一員であるという自覚をもつことと同時に、消防団活動は社会貢献活動であると認識することが重要である。

家族、職場に加えて、分団や部・班のあり方も問われなければならない。定例会は、その大半が分団長や班長からの指示・伝達である。そのため多くの団員の意見がなかなか反映されにくい構造となっている。そのため、議題の内容によっては、団員の合議制を取り入れ、できるだけ若い団員の意見が反映されるようなシステムにする必要がある。分団員は年齢や職種も異なるが、「我々の仲間」ということで、お互いに親近感を感じている。

それが災害発生時に大きな力となる。

「A」は、消防団活動の危険性を、事前に回避する必要性である。

団員は身の危険を感じたとき、自らの身の安全確保を第一義とすべきである。そのような退避行動の結果、地域住民に対しては「選択的救済」（トリアージ）という厳しい対応を取らざるを得ない場面も発生する。そのためにも退避行動の内容について、地域住民に対して周知徹底を図る必要がある。

また装備面の充実を図らなければならない。消防庁が平成26年2月7日付の「消防団の装備の基準等の一部改正」に基づいて、安全靴やライフジャケットの着用、情報伝達手段としてのトランシーバーの配備、分団に対しては、救助活動用資器材（チェーンソー、油圧ジャッキ等）の配備、それに加えて惨事ストレス解消のためのアフターケアの必要性を指摘している。

この「K」と「A」は、団員の消防団活動をスムーズに遂行させるための前提条件である。

「R」は、自主防災組織、行政区、民生委員、災害ボランティア、災害NPOなどの地域防災機関が位置づけられる。地域防災機関が与えられた役割を果たすことを通じて、相互関係が強まる。昨年6月の災害対策基本法の改正に伴い、災害弱者の名簿が本人の同意という条件とはいえ、分団や自主防災組織との共有が可能となった。この法律の改正は、新たな地域防災のあり方を提示する。それを効果的にするためには、これまで以上に日常的なかかわり方が重要である。これらの相互関係が強化されることにより、地域コミュニティの核としての機能が充実し、地域防災力の強固な基盤を形づくる。

東日本大震災は、「災害が発生しても、そのときになれば、何とかなるだろう」と考える住民に対して、それは幻想にすぎず、脆く、危険なものであったことをまざまざと見せつけた。

今、地域防災の核として位置づけられる消防団にあっては、団員不足という組織の根幹をゆるがす事態に直面している。まさに地域防災の危機である。団員不足の問題については、これまでは消防団の内部の問題として対応されてきた。しかしながら、それは国民すべてに突きつけられた問題であることを国民一人ひとりが認識しなければならない。

参考・引用文献

序章〜第2章
・松井茂　1926『国民消防』松華堂
・佐藤亀齢　1934『宮城県消防発達史』宮城県消防発達史刊行会
・魚谷増男　1965『消防の歴史四百年』全国加除法令出版
・藤口透吾／小鯖英一　1968『消防100年史』創思社
・宮城県消防協会　1977『宮城県消防史』宮城県消防協会
・大島美津子　1977『明治のむら』教育社
・大霞会編　1981『内務省史　第二巻』原書房
・日本消防協会　1982〜1984『日本消防百年史　第一巻〜第三巻』日本消防協会
・大島郷土誌刊行委員会　1982『大島誌』大島郷土誌刊行委員会

・坪井洋文　1984『日本民俗文化体系8　村と村人』小学館
・秋田一雄　1985『火のはなしI』技報道出版
・酒井久男　1988『津波―語りつぐツナミ―』種市歴史民俗資料館
・田老町　1990『田老―生誕100周年記念誌―』田老町
・竹内利美　1991『竹内利美著作集3―ムラと年齢集団』名著出版
・大日向純夫　1993『警察の社会史』岩波新書
・山口政五郎　1996『とんびの独言』角川書店
・東京消防庁広報課　1996『新　消防雑学事典』東京連合防火協会
・鈴木淳　1999『町火消たちの近代―東京の消防史―』吉川弘文館
・大日方純夫　1999『近代日本の警察と地域社会』筑摩書房
・東京消防庁　2001『新　消防雑学事典二訂版』東京連合防火協会
・後藤一蔵　2001『消防団の源流をたどる』近代消防社
・山下文男　2005『津波の恐怖―三陸津波伝承録』東北大学出版会

第3章〜終章

・ジョージ・W・エンゼル　一九五〇『日本の消防』日光書院
・日本消防協会編　一九五〇『消防年鑑　昭和25年版』日本消防協会
・自治大学校　一九六七『戦後自治史Ⅸ』自治大学校
・仙台市総務局防災対策室　一九六九『78宮城県沖地震①災害の記録』宝文堂
・宮城県　一九八〇『宮城県沖地震災害の教訓』宮城県
・仙台市消防局／東北工業大学工学部佐賀研究室　一九八〇『宮城県沖地震　市民の対応と教訓』全国加除法令出版
・大島郷土誌刊行委員会　一九八二『大島誌』大島郷土誌刊行委員会
・消防行政研究会　一九八三『消防現代行政全集㉔』ぎょうせい
・日本消防協会　一九九二『女性消防団員確保事業に関する報告書』（女性消防団員確保対策委員会）日本消防協会
・神戸市長田消防団　一九九五『長田消防団　祈りの軌跡』神戸市長田消防団

・神戸市消防局　1995『阪神・淡路大震災における消防活動の記録　神戸市域』神戸市防災安全公社／東京法令出版
・西宮市消防局／西宮市消防団　1996『阪神・淡路大震災　西宮市消防の活動記録』西宮市消防局　西宮市消防団
・奥尻町　1996『北海道南西沖地震／奥尻町記録書』奥尻町
・阪神・淡路大震災活動記録誌編集委員会　1996『阪神・淡路大震災活動記録誌』全国消防協会／全国消防長会
・兵庫県　1997『阪神・淡路大震災復興誌　第1巻』21世紀ひょうご創造協会
・消防科学総合センター　1997『地域防災データ総覧　阪神・淡路大震災基礎データ編』消防科学総合センター
・消防大学校　2001『消防研修　第70号』消防大学校
・菊地明　2002『東名の道のり』菊地明
・恒文社新潟支社編　2005『雪国を襲った大地震』恒文社

・種市町　2005『地域の安全・安心促進基本計画（津波）―岩手県九戸郡種市町―』種市町
・消防団の活動環境の整備に関する調査検討会　2005『消防団員の活動環境整備の在り方について　報告書』消防庁
・新潟日報社　2006『復興へ　中越地震』新潟日報事業社
・新潟日報社　2006『中越地震　復興公論』新潟日報事業社
・大矢根淳／浦野正樹／田中淳／吉井博明　2007『災害社会学入門』弘文堂
・消防力の整備指針研究会編　2007『消防力の整備指針・消防水利の基準』ぎょうせい
・サーベイリサーチセンター　2007『新潟県中越沖地震に関するアンケート調査／報告書』
・河北新報出版センター　2008『特別報道写真集　岩手・宮城内陸地震』（河北新報出版センター）
・吉原直樹編　2008『防災の社会学』東信堂
・消防基本法制研究会　2009『逐条解説消防組織法　第三版』東京法令出版
・奈良市消防局　2009『女性消防団設置資料綴り』奈良市消防局

・生田長人編　2010『防災の法と仕組み』東信堂
・河北新報社　2011『東日本大震災全記録』河北新報出版センター
・田中和七　2011『宮古市第28分団関係資料綴り』
・後藤一蔵　2011「限界状況下にあって消防団員はどう行動したか」『農業協同組合経営実務第66巻増刊号』：59-67　全国協同出版
・後藤一蔵　2011「消防団はどうあるべきか」『都市問題VOL102』：70-78、東京市政調査会
・総務省消防庁　2011〜『平成23年〈2011〉東北地方太平洋沖地震（東日本大震災）について各報告』総務省消防庁
・吉原直樹編著　2011『防災コミュニティの基層』、御茶の水書房
・松江市消防本部　2011『平成22年島根県東部・鳥取県西部大晦日豪雪の教訓をもとに雪害対策の体制強化にむけて』松江市消防本部
・消防庁編　『消防白書（各年次）』ぎょうせい

・消防庁国民保護・防災部防災課　2012『東日本大震災を踏まえた大規模災害時における消防団活動のあり方等に関する検討会　報告書』消防庁
・気仙沼・本吉地域広域行政事務組合消防本部　2012『東日本大震災　消防活動の記録』気仙沼・本吉地域広域行政事務組合消防本部
・仙台市消防局　2012『東日本大震災における消防活動記録誌』仙台市消防局
・日本消防協会編　2012『消防団の闘い―3・11東日本大震災―』近代消防社
・消防科学総合センター　2012『季刊　消防科学と情報　NO.108』消防科学総合センター
・近代消防社『近代消防　各号』近代消防社
・後藤一蔵　2013「東日本大震災を機に変わりつつある消防団と自主防災組織」『47ジャーナル』共同通信社
・吉原直樹編　2013『安全・安心コミュニティの存立基盤』御茶の水書房
・消防科学総合センター　2013『地域防災データ総覧―東日本大震災関連調査編』消防科学

総合センター

次の関係機関から、資料の提供やご協力をいただきました。

総務省消防庁、日本消防協会、高知県消防協会、三重県、三重県いなべ市、浜松市消防局、東京消防庁、長野県飯田市、仙台市消防局、奈良市消防局、松江市消防本部、気仙沼・本吉地域広域行政事務組合消防本部、大船渡地区消防組合消防本部、岩手県洋野町、宮城県東松島市、石巻市、大崎市、北海道奥尻町、共同通信社　河北新報社、毎日新聞社、高知新聞社、西日本新聞社、近代消防社

あとがき

東日本大震災からすでに3年が過ぎた。この間、被災地に足を運び、消防団員の方々を中心に、聞き取り調査を行ってきた。この大震災直後にあっては、消防団活動のあり方が、各種のメディアや消防関係者の集まりの場でさかんに論じられた。このような状況が続けば、消防団のあるべき将来像に一定の方向性が見えてくるのではないかという期待を抱いたのは私一人ではないだろう。だが、それは願望の域を出るものではなかった。時間の経過とともに、消防団に関する議論は尻すぼみの状態になりつつあるように感じられる。それは風化の始まりであることは疑う余地のないことである。

今回の大震災で、消防団員254名の方々が犠牲となった。きわめて非常事態であり、消防団のこれまでの活動スタイルや組織全体になんらかの問題があると考えるのは当然であった。小生は長年にわたって、消防団組織を研究の対象としてきており、この問題を真正面から受け止める責務を感じている。

「自分にとって、できることは何か」という命題が頭から離れなかった。震災直後から、多少書きためていたものはあったとはいえ、読み返してみると、不十分な個所が随所に見られ、推敲の必要性を感じた。聞き取り調査から得た貴重な資料が、メモとしてかなり手元にあり、それを丹念に読みなおすことによって、新たな知見が得られるのでは、という思いがあった。走り書きされたメモのなかには、調査時点では理解できなかった内容も少なくなかったが、あらためてメモを読みなおしてみると、以前はほとんど気づかなかったことに対して目配りができるようにもなった。

被災地における調査は、調査される側には平常時より何倍もの負担をかける。ときには心的ストレスさえ引き起こすこともある。

拙著を読み返すたびに、そのときどきの多くの方々とのやりとりが目に浮かび、もう一度足を運んでみたいという思いにかられることもたびたびあった。やや不遜な言い方が許されるならば、大きな人的財産が蓄積された時間でもあった。

いま、拙著を世に送り出すが、これが消防団という組織の全容を網羅しているわけでなく、消防団の実態を多くの人々の論議の俎上にのせるひとつの材料を提供しているに過ぎない。

拙著の作成にあたっては、多くの方々に協力をいただいた。日本消防協会の南尊文さん（奈良市消防局所属）、東松島市第10分団東名部の団員の方々や齊藤壽郎区長さんには、長い間、資料提供や様々なアドバイスをいただいた。また近代消防社の三井社長さんにはご無理なお願いを快く引き受けていただいたことに感謝申し上げたい。

最後になるが、消防団は、いま、大きな岐路に立たされているとはいえ、地域防災にとって必要不可欠な存在であることは東日本大震災で証明された。

本著が、消防団という組織の理解の一助になればと切に願っている。

【と】

【な】

【に】

【ね】

【は】

【ひ】

【ふ】

【へ】

【ほ】

索　引

後　藤　一　蔵（ごとう　いちぞう）
1945年　宮城県小牛田町生まれ
東北大学教育学部（教育社会学専攻）卒業
東北福祉大学兼任講師
消防団員確保アドバイザー

主な著書・論文
『消防団の源流をたどる』（近代消防社 2001年）
『国民の財産　消防団』（近代消防社 2010年）
『防災の社会学』（共著 東信堂 2008年）
「明治・大正期における消防組織の展開過程」
（『村落社会研究・28』1992年 村落社会研究会）
「地主制の展開過程における消防組織と村落」
（『村落社会研究・創刊号』1994年 日本村落研究学会）
「若者契約における消防機能の展開過程」
（『村落社会研究・8』1998年 日本村落研究学会）
「混住化現象に伴う村落の変容と区費賦課基準の変遷過程」（『社会学評論・167』1991年 日本社会学会）

KSS 近代消防新書

007

消防団
— 生い立ちと壁、そして未来 —

著　者　後藤一蔵《ごとういちぞう》

2014年10月20日　発行

発行所　近代消防社
発行者　三 井 栄 志

〒105-0001　東京都港区虎ノ門2丁目9番16号
（日本消防会館内）
読者係（03）3593-1401㈹
http://www.ff-inc.co.jp

乱丁・落丁本は、ご面倒ですが
小社宛お送りください。
送料小社負担にてお取替えいたします。

ISBN978-4-421-00858-6 C1290
価格はカバーに表示してあります。